Thomas Troßmann, geboren 15. April 1954 in München. Seit 1970 zahlreiche Reisen durch Europa, Afrika, Amerika und Asien, größtenteils per Motorrad, mehrfach von langer Dauer. 1973 bis 1979 Studium der Geo- und Kommunikationswissenschaften. Während dieser Zeit Jobs als Fotograf, Bühnentechniker, Statist, Stuntman und Double. 1980 bis 1983 Redakteur bei einem Lexikonverlag. Seit 1984 Mitarbeiter der Motorrad-Zeitschrift *Tourenfahrer*. Nebenberuflich Veranstaltung und Leitung von organisierten Expeditionsreisen durch die Sahara. Neben zahlreichen Reportagen und Artikeln in Zeitschriften und Reiseführern hat Thomas Troßmann auch ein spezielles Handbuch für Offroad-Motorradreisen geschrieben.

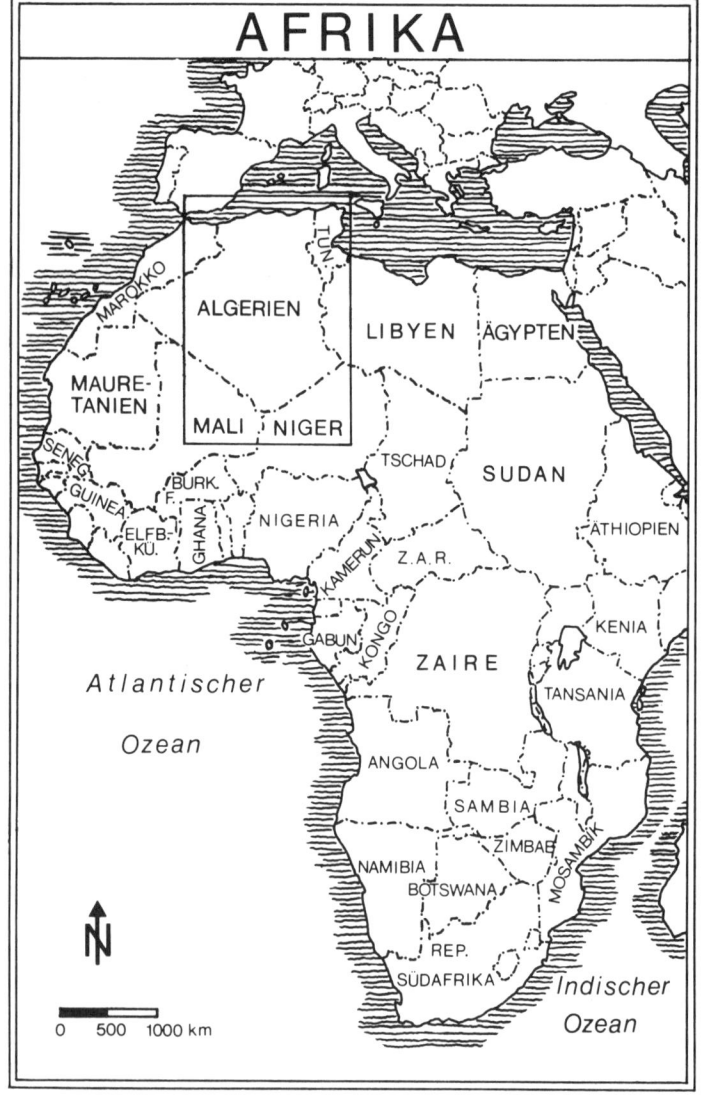

AFRIKA

MAROKKO

ALGERIEN

TUN.

LIBYEN

ÄGYPTEN

MAURE-
TANIEN

MALI

NIGER

SENEG.

GUINEA

BURK.
F.

GHANA

ELFB.-
KÜ.

NIGERIA

TSCHAD

SUDAN

ÄTHIOPIEN

KAMERUN

Z.A.R.

GABUN

KONGO

ZAIRE

KENIA

TANSANIA

Atlantischer

Ozean

ANGOLA

SAMBIA

ZIMBAB.

MOSAMBIK

NAMIBIA

BOTSWANA

N

REP.
SÜDAFRIKA

Indischer

Ozean

0   500   1000 km

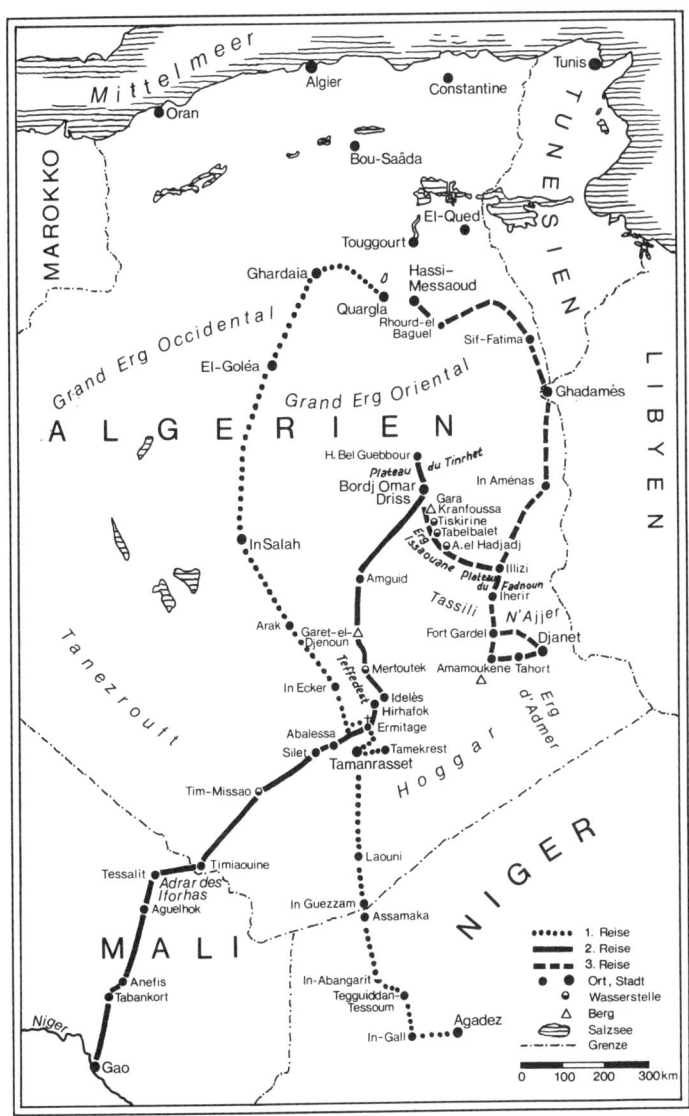

Thomas Troßmann

Wüstenfahrer

Mit dem Motorrad durch
das Land der Tuareg

ABENTEUER-REPORT

CIP-Titelaufnahme der Deutschen Bibliothek

Troßmann, Thomas:
Wüstenfahrer : mit d. Motorrad durch d. Land d. Tuareg / Thomas Troßmann.
[Kt.: Isolde Notz-Köhler]. – München : F. Schneider, 1988
  (S-Abenteuer-Report)
  ISBN 3-505-09765-9

 ABENTEUER-REPORT

Herausgegeben von Susanne Härtel
© 1988 by Franz Schneider Verlag GmbH
8000 München 40 · Frankfurter Ring 150
Alle Rechte vorbehalten
Titelfoto/Fotos: Thomas Troßmann
Umschlaggestaltung: Agentur Kraxenberger, München
Karten: Isolde Notz-Köhler
Lektorat/Redaktion: Susanne Härtel
Herstellung: Josef Loher
Satz: ADV-Augsburger Druck- und Verlagshaus GmbH, Augsburg
Druck: Presse-Druck Augsburg
ISBN: 3 505 09765-9
Bestell-Nr.: 9765

Inhalt

VORWORT

Als ich damit begann, das Konzept für dieses Buch zu entwerfen, mich mit Hilfe Tausender von Dias und Hunderter von Tagebuchseiten durch mehr als ein Dutzend Saharareisen wühlte, wurde mir sehr bald klar, daß dies nicht nur ein Bericht über Erlebnisse und Eindrücke einer Reise, sondern auch die Entwicklungsgeschichte einer ungewöhnlichen Reiseart werden mußte: mit dem Motorrad durch die Wüste.

Anhand von drei ausgewählten Reisen in den Jahren 1978 bis 1986 habe ich versucht, die Veränderung der persönlichen Erlebnisweise, von Motivation und Stil des Reisens unter extremen Verhältnissen darzustellen. Gerade bei der ersten, zehn Jahre zurückliegenden Fahrt war es nicht einfach, mich wieder in den Thomas Troßmann von 1978 hineinzuversetzen, nachzuempfinden, wie ich damals die Eindrücke dieser Reise aufgenommen habe.

Diese erste Reise „Transsahara 78" mag manchem als einziges Desaster erscheinen, als eine Aneinanderreihung von Schwierigkeiten, eine material- und nervenzermürbende Odyssee durch die Wüste. So unverständlich, schon beinahe masochistisch sich diese Fahrt für jemanden darstellen mag, der die Sahara nicht kennt, schon gar nicht per Motorrad, so aktuell ist diese Art von „Kamikaze-Trip" auch heute noch für viele Wüstenanfänger. Falsche und ungenügende Vorbereitung und Ausrüstung führen in so unerbittlicher Umgebung wie der Sahara zwangsläufig zu einem Reiseerlebnis, das von fahr- und fahrzeugtechnischen Problemen geprägt ist.

Daß es auch anders geht, zeigt bereits die zweite Geschichte: Einige Reisen und Jahre später verlagert sich in „Transsahara 84" der Schwerpunkt schon deutlich von „Trans" auf „Sahara", von „gegen die Wüste" zu „in der Wüste".

Die in der dritten Geschichte, „Wüstenfahrer 86", beschriebene Tour führte mich in Gebiete der Sahara, die bis dato als für Motorradreisende unzugänglich galten. Neben Erfahrung ermöglichen nur perfekte Ausrüstung und Vorbereitung das Bereisen derart einsamer Regionen mit kalkulierbarem Risiko. Gerade deshalb war dies eine Reise, bei der Technik und Ausrüstung nur eine Nebenrolle spielten. Mensch und Maschine funktionierten ganz einfach, wichtigste Voraussetzung für ein nicht nur oberflächliches Sahara-Erlebnis.

TRANSSAHARA 78

Prolog

Vom 16. November 1978 bis zum 19. April 1979 unternahm ich zusammen mit meinen Freunden Elisabeth, Richard und Eckart die erste große Afrikareise. Monatelang hatten wir uns so intensiv wie möglich darauf vorbereitet. Bei der Auswahl der Motorräder und Ausrüstung waren uns jedoch entscheidende Fehler unterlaufen. Als Folge davon brachte uns vor allem der erste Teil unserer Reise, die 2000 km lange Fahrt durch die Sahara, mehr als einmal an unsere physischen und psychischen Grenzen. Sie wurde für uns zu einem Horrortrip, bei dem die zahllosen schönen Seiten der größten Wüste der Erde auf der Strecke blieben. Eine wirkliche Begegnung mit Land und Leuten fand kaum statt. Zu sehr beanspruchte uns der Kampf gegen all die Probleme, die wir in unserer damaligen Blauäugigkeit heraufbeschworen hatten. Auch wenn diese Art des Reisens niemandem zur Nachahmung empfohlen sei, ja wohl eher zur Abschreckung dient, so ist mir beim Schreiben auch klargeworden, daß ich es nicht bereue, diese Erfahrungen gemacht zu haben. Wir hatten ja auf unserer „Desaster-Tour" auch immer Glück im Unglück.

Drei Jahre später kam's für Eckart leider anders. Am Ende einer weiteren langen Motorradreise wurde er in Südafrika von seinem „Schutzengel" im Stich gelassen und kam durch einen tragischen Unfall zu Tode. Der Bericht über unsere gemeinsame Saharadurchquerung sei ihm gewidmet.

Von Quargla nach In Salah: ein sandiger Vorgeschmack

Bald hundert Kilometer fahren wir nun schon in Schräglage geradeaus. Das mörderische Gebläse des Wüstenwindes nimmt uns Sicht und Kondition. Übermannshoch peitschen die Sandwolken in ununterbrochener Folge von Norden auf uns ein. Tückische, im „Sandnebel" kaum sichtbare Minidünen verbarrikadieren die Straße, lassen die Federung unserer total überladenen Straßenmotorräder schon bei nur dreißig Stundenkilometern brutal durchschlagen, die ganze Fuhre beängstigend ins Schlingern geraten.

Die Hupe meiner „SR" geht plötzlich ohne ersichtlichen Grund auf Dauerton. Fast hätte ich das zusätzliche Geräusch im Lärm-Inferno des heulenden Sturms und des gegen den Helm prasselnden Sandes überhört: Kurzschluß durch Sandeinwirkung. Das Hupen wird zum Krächzen und verstummt. Ein schwarzes Rauchwölkchen und beißender Geruch verschmorter Isolierung begleiten das Ende der linken Lenkerarmatur.

Wo bleiben die anderen nur? Eben war der verschwommene Scheinwerferkegel meines Hintermannes noch im Rückspiegel zu erkennen. Hoffentlich ist nichts passiert. Es wäre zu früh. Gerade eine Woche Afrika, bescheidene 500 Wüstenkilometer seit der Grenze Tunesien/Algerien liegen hinter uns. Ein halbes Jahr wollen wir unterwegs sein, bis zum Kilimandscharo fahren. Es wäre wirklich viel zu früh.

Die letzte Sandverwehung hatte es in sich. Beinahe wäre sie uns zum Verhängnis geworden. Nur mit Mühe hatte ich unsere 450-kg-Fuhre daran hindern können, sich wie ein Geschoß in den

Boden zu bohren. Mir flattern nach dieser Aktion noch jetzt die Nerven, meine „Hinterbänklerin" und Freundin Elisabeth nahm den „Seitensprung" mit Humor. Unsere gemeinsamen Motorradreisen nach Marokko, Griechenland und in die Türkei haben viel Vertrauen geschaffen. Hoffentlich bleibt es auch auf diesem, alle bisherigen Grenzen sprengenden Trip unerschüttert. Beim Gedanken an die vor uns liegenden Tausende von Pistenkilometern wird mir meine große Verantwortung bewußt, aber auch die Angst davor, am Unmachbaren zu scheitern. Zu zweit auf einem Straßenmotorrad, beladen mit Benzin für tausend Kilometer, mit Wasser und Verpflegung für die Einsamkeit langer Wüstenpisten, mit Gepäck, Ausrüstung, Werkzeug und Ersatzteilen für 25 000 Afrika-Kilometer, hoffentlich geht das gut!

Wir warten noch fünf Minuten, dann kehren wir um. Schemenhaft taucht wenig später unser kleines Grüppchen in der gelbbraunen „Sandsuppe" auf. Die beiden Berliner Buster und Roggo zerren an der völlig verbogenen Kanisterhalterung von Richards Yamaha herum. Eckart bemüht sich vergebens darum, eine vom Auspuff verursachte Brandwunde sandfrei zu verbinden. Noch lächerliche 80 Kilometer sind es bis Ghardaia, unter solchen Bedingungen demoralisierend weit. Unsere Motorräder sind auf ihrer rechten Seite im wahrsten Sinn des Wortes sandgestrahlt. Lack, Aluminium und Chrom sind matt und rauh geworden. Wortkarg stehen wir in dieser düsteren, gott- und menschenverlassenen Einöde am Straßenrand, verfluchen die Idee, hierher zu fahren. Unsere Augen sind rot, Sand knirscht zwischen den Zähnen, kratzt im Hals. Schließlich geht es Richard besser, der Sturzschock ist vorbei. Wir beschließen, langsamer zu fahren, damit die zahllosen Verwehungen nicht noch einmal Tribut kosten.

Kurz vor Einbruch der Dunkelheit erreichen wir die Kreuzung mit der Hoggarpiste. Der Sandsturm hört auf, so plötzlich, wie man einen Ventilator abschaltet. Der Windschatten einer nördlich gelegenen Bergkette gibt uns Deckung. Unweit der Kreuzung schlagen wir unser Lager auf. Aus dem Lammbraten, auf den wir uns schon den ganzen Tag freuen, wird nichts. Es gibt kein Holz hier, nicht den kleinsten vertrockneten Ast. Heute morgen haben wir vergessen, welches zu sammeln, als wir in Quargla noch Gelegenheit dazu hatten. Wir kommen uns wie blutige Sahara-Anfänger vor, sind es ja auch.

Buster experimentiert mißmutig eine Weile mit dem Benzinkocher herum, ein sinnloses Unterfangen bei einer drei Kilo schweren Lammkeule. Erneut einsetzender starker Wind und eisige Nachtkälte lassen ihn kapitulieren, zumindest, was das Braten betrifft. Hunger, Wut und allgemeine Depression bringen ihn dazu, ein großes Stück Fleisch roh hinunterzuschlingen!

Schon bald treiben uns bescheidene vier Grad Außentemperatur in Zelt und Schlafsäcke. Zum Glück fahren wir von jetzt an nur mehr Richtung Süden, drei, vier oder auch fünf Wochen lang, bis irgendwann der Kopfsprung in das warme Wasser des Golfs von Guinea für alle Strapazen und Mühen entschädigt. Im Augenblick allerdings hilft uns diese Hoffnung nur wenig über die miserablen Isoliereigenschaften unserer Armee-„Pennbeutel" hinweg.

Noch vor Sonnenaufgang werden wir höchst unsanft geweckt. Orkanartige Böen reißen unser Zelt nieder. Was für ein Tagesbeginn! Unter chaotischen Bedingungen raffen wir Gepäck und Ausrüstung zusammen, stopfen es irgendwie in die Koffer und Seesäcke. Wenigstens treibt uns das die Kälte aus den Knochen. Frühstück fällt aus. Nichts wie weg aus dieser Gegend, hier scheint der Windkanal der Sahara zu sein. Der Sturm weht von Nordwesten. Also verzichten wir auf den 60 Kilometer langen Abstecher nach Ghardaia, flüchten nach Süden. Nach 100 Kilometern Schlangenlinienfahrerei durch sandlose Geröllandschaft bricht urplötzlich das Inferno um uns aus: Wir verlassen den „Sand-

14

schatten" einiger Bergketten, fahren in den ungeschützten Vorhof des Großen Westlichen Erg.

Tagebuch-Eintrag vom 28. November 1978
„Die folgenden 120 Kilometer bis El Golea sind die Hölle. Orkanartiger Wind wirbelt den Sand turmhoch auf, peitscht ihn mit irrsinniger Geschwindigkeit über die Ebene. Wir bekommen fast keine Luft mehr, sehen keine fünf Meter weit, arbeiten uns im Schrittempo über Hunderte von Sandverwehungen, die die Straße auf ganzer Breite und bis Meterhöhe bedecken. Oft registriere ich sie in dem Sandtreiben erst dann, wenn es schon fast zu spät ist, wenn der Schlag der steinharten Sandbuckel versucht, mir den Lenker aus der Hand zu reißen."

Sandsturm

Noch nicht ganz fit nach dem gestrigen Sturz, fährt Richard voraus, wir dicht hinter ihm, dann Eckart und die beiden Berliner. Wir halten eine feste Reihenfolge ein. Jeder achtet auf das Scheinwerferlicht seines Hintermannes, damit keiner längere Zeit auf der Strecke bleibt, womöglich unter der Maschine eingeklemmt und verletzt.

Plötzlich löst sich ein kleines Teil aus der sandvernebelten Silhouette vor uns, wird in Sekundenbruchteilen vom Wind davongetragen, von dem gelbbraunen Nichts um uns herum verschluckt. Richard reißt einen Arm hoch, die ganze monströse Fuhre gerät ins Schwanken, um Haaresbreite kommt er in einer steilen Verwehung erneut zum Sturz. Das Helmvisier ist weggeflogen. Durch die optische Brille kaum geschützt, werden Richards Augen von den harten Sandkörnern bombardiert. Das Reservevisier ist dunkelbraun getönt. Na klar, in Afrika scheint schließlich die Sonne! Nach wenigen Metern damit ist der nächste Stop fällig. Das getönte Visier macht die Fahrt endgültig zum Blindflug.

Warum kommt nur kein Auto? Wir sind doch auf der Hoggarpiste, Transsahara-Hauptverkehrsweg. Seit heute früh haben wir kein Fahrzeug mehr gesehen. Während Richard mit einem Halstuch seinen Kopf so einbindet, daß nur noch ein winziger Sichtschlitz frei bleibt, kämpfen Buster und ich damit, unsere Fünfhunderter-„Eintöpfe" anzukicken. Auch nach einem Dutzend Tritten tut sich nichts. Der Gasgriff dreht sich auf dem Lenker mit dem Reibungskoeffizienten von grobem Schmirgelpapier. An Busters XT läuft der Vergaser über. Schwimmergehäuse demontieren bei diesem Wetter? Unmöglich! Also drehen wir mehrmals die Entleerungsschraube auf. Es hilft: Die Sandkörner kapitulieren und geben den hängenden Schwimmer frei. Die Motoren springen an.

An meiner SR haben inzwischen auch die restlichen Elektroschalter das Schicksal des Hupenknopfes geteilt. Der verschmorte Not-Ausschalter hat dies gemeinerweise in Off-Stellung getan. Hätte ich nur nicht schon in Tunesien die Lenkerstulpen demontiert! Aber schließlich waren die Dinger ursprünglich gegen die Temperaturen der spätherbstlichen Alpenüberquerung gedacht, nicht gegen Sandsturm. Ich zwicke die Kabel des Schalters ab und zwirble die Enden zusammen. Auf den ersten Tritt springt der Motor an.

Mühsam quälen wir uns weiter. Immer öfter findet die eine oder andere der zahllosen langen Sandpassagen mit einem am Boden liegenden Motorrad ihr Ende. Manchmal sieht es schon beinahe nach Absicht aus: Eine gewisse Apathie, eine fast fatalistische Ergebenheit gegenüber der manchmal so grausam erscheinenden Wüste stellt sich ein. Ich reiße mich zusammen, denke an

Abfahrt in München – vollbepackt bis zum Kragen

meine Sozia, zwinge mich bei jeder Sandpassage aufs neue zu äußerster Konzentration, zum Runterschalten und Vollgasgeben, einzige brauchbare Methode, unseren „Eisenhaufen" aufrecht hindurch zu bugsieren.

Die Helmvisiere sind längst blindgeschmirgelt. Durch einen kleinen Spalt blinzeln wir aus sand- und tränenverkrusteten, blutunterlaufenen Augen in das Chaos. Im Führerhaus des einzigen uns entgegenkommenden LKWs können wir uns eine Weile erholen, Sand und Kekse mit reichlich Wasser und einem dreifachen, sehr starken und süßen Tee hinunterspülen. Für die beiden Tuareg ist der Sandsturm, der uns an die Grenzen unserer Kondition bringt, nichts Besonderes. Sie fahren zweimal pro Woche die 1400 Kilometer zwischen Tamanrasset und Ghardaia hin und her, sind Schlimmeres gewöhnt.

Am Nachmittag treffen wir in der großen, windgeschützt in einem Kessel liegenden Oase El Golea ein. 260 Kilometer in acht Stunden sind wir heute gefahren, auf der Teerstraße. Wie soll das nur auf der Piste werden?

Zwei volle Tage regenerieren wir uns in der Bilderbuch-Oase mit dem riesigen Dattelpalmenhain, entsanden unsere Motorräder und schmieden Pläne zur Gewichtserleichterung unserer Maschinen. Getrübt wird der erholsame Stadtaufenthalt nur durch höchst unangenehme kleine Tierchen, die uns bis aufs Blut plagen. Erst nach mehrmaligem Duschen in voller Bekleidung und Aufbrauchen von drei Insektenspray-Dosen sind wir die Biester los: Flöhe, die wir uns vermutlich vor einigen Tagen bei der Übernachtung im Stall eines tunesischen Bauern geholt haben.

Der kleine Campingplatz von El Golea ist zugleich Treff- und Kommunikationspunkt der wenigen Saharareisenden, die außer uns noch unterwegs sind: zwei Deutsche mit kaputtem VW-Bus, eine Gruppe Engländer mit einem Planen-LKW, Fernziel Kapstadt, und zwei „Autoschieber" aus Südfrankreich mit abenteuerlich beladenen, schrottreifen Peugeot-Kleinlastwagen. In Benin, Togo oder Mali, erzählen sie uns, könne man selbst solche „Rostlauben" gut verkaufen.

Am Morgen des 30. November 1978 starten wir in Richtung In Salah. Kurz nach El Golea erklimmt die Teerstraße das Plateau du Tademait, vor der Asphaltierung einer der gefürchtetsten Abschnitte der Hoggarpiste. Die Sahara gibt uns eine Verschnaufpause. Es ist windstill und warm. Mit 80 bis 100 Stundenkilometern tuckern wir über die vegetationslose Hochfläche auf schnurgerader Straße dahin, immer in Richtung Horizont. Hin und wieder bemerken wir in großer Entfernung eine Gruppe Kamele, im Gänsemarsch langsam vor sich hin trottend. Drei LKW begegnen uns im Lauf des Vormittags. Alle halten sie an: *Ça va? Woher? Wohin?* Tee, Zigaretten. *Bon voyage!*

Rund 250 Kilometer nach El Golea erregen zwei winzige Gebäude am Straßenrand schon aus großer Entfernung unsere Aufmerksamkeit. Es dauert eine Weile, ehe wir realisieren, daß wir das in der Karte verzeichnete, schon sehnlichst erwartete *Café Transafrique* erreicht haben. Eine „Autobahn-Raststätte": zwei winzige, baufällige Hütten in einer 400 Kilometer durchmessenden Einöde aus Geröll und Staub. Ein alter Araber und seine Frau bewohnen und bewirtschaften das gastronomische Großunternehmen. Immerhin gibt es Tee. Dazu essen wir unsere auf dem Markt von El Golea gekauften Brote und hartgekochten Eier.

Die Am-Ende-der-Welt-Atmosphäre im Innern der Hütte übt eine eigenartige Wirkung auf uns aus. Es ist trostlos hier und doch entspannend. Wir reden kaum. Fliegengesumm und leises, an- und abschwellendes Windgeheul wirken einschläfernd. Vielleicht eine Viertelstunde sitzen wir so da, als sich in die relative Stille ein anderes Geräusch mischt: ein erst leises, dann immer lauter und dumpfer werdendes, hubschrauberähnliches Ballern. Wir springen auf, ziehen die auf dem Sandboden klemmende Tür nach innen. Tatsächlich! Drei Motorräder sind als kleine Punkte auf dem endlosen Band der Straße zu erkennen, die ersten, seit wir vor zwei Wochen in Tunesien Buster und Roggo getroffen haben.

Die Franzosen in abenteuerlicher Moto-Cross-Montur sind genauso überrascht wie wir. Nach der Begrüßung konzentriert sich ihre Verwunderung jedoch auf unsere Maschinen. Das beruht auf Gegenseitigkeit. Denn gegen unsere mit je vier Kanistern und monströsen Gepäckkoffern beladenen „Zweirad-LKW" wirken ihre Yamahas vom Typ XT 500 wie Wettbewerbsmaschinen. Unglaublich wenig Gepäck, riesige Eigenbautanks, Spezial-Stoßdämpfer und -Telegabeln, offene Auspuffanlagen und grobstollige Reifen versetzen uns in Erstaunen einerseits, nagende Zweifel andererseits. Sollten wir alles falsch gemacht haben?

Die drei sind in der Tat Geländesport-Profis und Saharakenner. Einer von ihnen, Thierre heißt er, erzählt uns von einer Motorrad-Rallye von Frankreich nach Senegal, die er im Januar veranstalten will. Sozusagen als Generalprobe dafür und zur Streckenerkundung sind sie von Algier über die Tanezrouftpiste nach Mali, Niger und über die Hoggarpiste wieder zurück hierher gefahren, nahezu 8000 Kilometer in unglaublichen drei Wochen. Übermorgen wollen sie per Schiff von Algier nach Marseille übersetzen. Immerhin 1100 Kilometer sind es noch von hier bis an die Küste.

(Am 1. 1. 1979 fand zum ersten Mal die Rallye Paris–Dakar statt. Sieben Jahre später verunglückte Thierre Sabine während der 8. Rallye Paris–Dakar bei einem Hubschrauberabsturz tödlich.)

Die drei sehen sich unsere Motorräder genauer an, prophezeien uns ein Fiasko, falls wir uns mit dieser Beladung auf die Piste von Tamanrasset nach Agadez wagen. Wie Schuppen fällt uns die Erkenntnis von den Augen, daß wir uns buchstäblich „in die Wüste" haben schicken lassen, daß die „heißen Tips" über

20

besseres Sandfahrverhalten von Straßenbereifung genauso falsch und gefährlich sind wie unsere zentnerschweren Gepäckträger-Kanisterhalter-Kombinationen, unsere müllcontainergroßen Koffer.

Wir fassen den Entschluß, in Tamanrasset radikal „abzuspekken". Knapp tausend Kilometer sind es noch bis in die legendäre Metropole der Zentralsahara. Immerhin bekommen wir auch eine gute Nachricht: Ein großer Teil der 650 Kilometer zwischen In Salah und Tamanrasset ist nagelneu asphaltiert bzw. trassiert. Außerdem soll die neue Tankstelle an der Grenze Algerien/Niger Anfang Dezember eröffnet werden. Es wäre zu schön, um wahr zu sein: Zwei Kanister und jede Menge Bandeisen könnten auf den Schrott wandern. Wir wären gut einen Zentner leichter.

Nach etlichen Stunden Fahrt auf schnurgerader, tischebener Strecke kommen wir ans „Ende der Welt". Zumindest muß man sich das im Zeitalter der „Scheibentheorie" so vorgestellt haben: Urplötzlich taucht ein mehrere hundert Meter tiefer Abbruch auf, der Südrand des Plateau du Tademait. Ein überwältigendes Wildwest-Panorama mit monumentalen Zeugen- und Tafelbergen breitet sich im warmen Licht der tiefstehenden Nachmittagssonne unter uns aus. In steilen Kurven windet sich die Straße von der Abbruchkante ins Tal hinunter. Beim Blick zurück entdecken wir mit einem Anflug von Grauen am Fuß des Hochplateaus einen makabren Schrottplatz und wohl auch Friedhof: Dutzende von abgestürzten Autos und LKW.

In Salah präsentiert sich uns ganz anders, als der berühmte Name es erwarten ließ: keine Stadt in der Wüste, sondern ein kleines, von Sandmassen bedrohtes und schon halb darunter begrabenes Nest. Die Einfahrt in den Ort ist über Hunderte von Metern völlig von einer riesigen Wanderdüne begraben. In halbmetertiefen Spurrinnen quälen wir uns durch den Weichsand. Langsam und auf Nummer Sicher "durchfußeln", verbunden mit häufigem Steckenbleiben, oder rasant und mit entsprechendem Risiko „durchsägen", heißt die Frage. Richard und Eckart quälen mit der ersten Methode nicht nur ihre Kupplungen. Je zweimal „beißt" jeder in den Sand. Buster knallt mit der zweiten Fahrtechnik nach einigen wilden Schlenkern wie eine Kanonenkugel in den Dünenhang. Zum Glück rappeln sich alle unbeschadet wieder auf. Roggo und ich suchen uns nach dieser abschreckenden Vorführung einen anderen Weg. Wir nehmen auf dem Asphaltstück Schwung und fahren den unverspurten Sandhang hinauf bis auf den abgerundeten Kamm der gut zehn Meter hohen Düne. Ein völlig neues, phantastisches Fahrgefühl: Wie auf Wolken gleitet die Maschine über den Sand. Dafür bleiben wir bei der Talfahrt auf der anderen Seite um Haaresbreite stecken. Der Sand ist weich wie Watte, saugt die Räder mit der Kraft einer Vollbremsung regelrecht auf. Instinktiv schalte ich blitzschnell einen Gang runter, lasse den Motor mit voller Kraft gegen den Sand hämmern. Plötzlich macht die Maschine einen Satz nach vorne. Das Vorderrad steigt in die Luft. Der eben noch durchdrehende Hinterreifen hat ruckartig auf dem Teerbelag „gegriffen", hebelt die Frontpartie der SR zum Umkippen hoch in die Luft. So durchfahren wir das Stadttor von In Salah auf recht spektakuläre Weise.

Während wir uns von dem ungewollten „Halbtonner-Wheelie" bei einer Beruhigungszigarette erholen, hält ein Polizei-Landrover neben uns. Die Kontrolle ist gründlich, aber freundlich, verschafft uns außerdem eine interessante Information: Ein einziges Restaurant gibt es in In Salah, das *Carrefour*, die „Kreuzung". Besitzer ist ein dunkelhäutiger Targi namens Hadji, einer der wichtigsten Männer der Stadt, wie er uns nach herzlichem Empfang mitteilt. Das *Carrefour* wirkt mit seinem Interieur und Publikum wie eine Mischung aus Tausendundeinernacht und Fernfahrerkneipe. Zum ersten Mal auf dieser Reise spüren wir eine unglaubliche Exotik, merken, daß wir nicht nur entfernungsmäßig weit weg von zu Hause sind.

Einen Campingplatz gibt es natürlich in In Salah genausowenig wie ein Hotel. Wir schlagen unser Lager in einem Palmenhain am Ortsrand auf, inoffizieller Campingplatz des Ortes. Außer uns ist niemand da. Allzu viele Reisende scheinen in In Salah nicht anzuhalten. Es ist die erste relativ warme Nacht. Die Temperatur am angeblich heißesten Ort der Sahara beträgt um elf Uhr abends noch vierzehn Grad.

Von In Salah nach Tamanrasset: „Fesch-Fesch" und Motorschaden

Der nächste Morgen beginnt mit dem Auffüllen unserer Reserven. Zwischen In Salah und Tam erwartet uns die bisher längste Distanz ohne Benzinversorgung: 660 Kilometer, vielleicht sogar 200 Kilometer mehr, denn wir planen, ein Stück vor Tam nach Osten abzudrehen, über Hirhafok und den 2700 Meter hohen Assekrem-Paß in die Wüstenmetropole zu fahren. So vermeiden wir die letzten 50 Kilometer Hoggarpiste, laut Auskunft der französischen Motorradfahrer übles „Wellblech", und kommen in den Genuß einer Fahrt durch die legendäre Hochgebirgswelt des Hoggar-Zentralmassivs.

Alle vier Kanister sind nun zum ersten Mal randvoll. Fast bis zum Anschlag sinkt die Teleskopgabel meiner SR unter dem zusätzlichen Gewicht von 60 Litern Benzin und Wasser zusammen. Auch die vorsorglich eingebauten hinteren Federbeine von einer Kawasaki Z 1300 gehen beängstigend auf Tauchstation. Als Elisabeth sich zum Aufsteigen auf die Fußraste stellt, ist es, als ob uns eine Riesenfaust zu Boden zieht. Nur mit größtem Kraftauf-

23

wand kann ich die Yamaha wieder in die Senkrechte drücken. Auch die anderen haben zu kämpfen. Vor allem Eckart bereut nun endgültig, daß er den schmalen M-Lenker seiner XS 360 nicht gegen ein breiteres Exemplar ausgetauscht hat. Einmal in Fahrt, lassen sich unsere „Panzer" jedoch überraschend leicht manövrieren. Nach einigen Kilometern habe ich mich erstaunlich gut an Trägheit und Gewicht gewöhnt.

Die Straße ist nagelneu asphaltiert, trotzdem weist der kaum fünf Zentimeter dicke Teerbelag schon wieder Risse und Schlaglöcher auf. So dauert es nicht lange, bis der erste metallisch-harte Doppelschlag durch das Motorrad zuckt, mir über die Arme bis in den Nacken fährt. Ich halte an, kontrolliere Felgen, Speichen und Gepäckträger. Es ging noch mal gut. Ab jetzt kurven wir um das kleinste Loch herum. Streckenweise wird ein regelrechter Riesenslalom daraus. Trotzdem haben wir bis Mittag 250 Kilometer zurückgelegt. Nicht mehr als drei Fahrzeuge sind uns auf der ganzen Strecke begegnet!

Das Wetter ist klar und windstill, die Temperaturen zum Motorradfahren ideal. Um zwei Uhr klettert das Thermometer sogar auf 28 Grad im Schatten. Riesige Dünen am Straßenrand verlocken uns zu einem Spaziergang. Wir verschätzen uns total in der Entfernung. Das ungewohnte Landschaftsbild spielt den Augen einen Streich. So wird der Ausflug zur Marathon-Klettertour und kräfteraubenden Strapaze. Vollkommen erledigt und ausgedörrt, erreichen wir erst nach mehr als einer Stunde „Zwei-Schritt-vor-ein-Schritt-zurück" den Dünengipfel. Vom höchsten Punkt des gigantischen Sandgebirges bietet sich uns ein so unglaublich schöner Ausblick, daß wir Durst und Erschöpfung vergessen. Unter einem weltraumklaren, tiefblauen Himmel erstreckt sich eine ebenso imposante wie harmonische Landschaft: sanftgeschwungene Dünenhänge, glattgeschliffene Felstürme, schwarze Geröllberge, in der Sonne blinkende Salzpfannen, dazwischen die gewundenen Bahnen der Wasserabflußrinnen und Wadis mit ihren „Perlenketten" aus Büschen und kleinen Bäumen. Mittendurch zieht sich vom nördlichen bis zum südlichen Horizont ein endloser schwarzer „Draht": die Teerstraße. Unsere fünf Motorräder sind nur noch als winzige Punkte zu erkennen.

So langsam kommen wir zwar wieder zu Atem, dennoch nimmt die Erschöpfung eher zu. Die Sonne brennt sengend auf unsere ungeschützten Köpfe und nackten Oberkörper. Das Wasser ist weit unter uns in den Kanistern der Motorräder. Zum Glück verläuft der Abstieg von der Düne anders als der Aufstieg: In riesigen Schritten „fliegen" wir den Dünensteilhang hinunter, schweben wie auf Wolken ins Tal. An den steilsten Stellen läßt es sich auf bloßen Füßen wie auf Skiern wedeln, ein psychedelischer Trip, der uns in totale Euphorie versetzt. Leider dauert nur wenige Minuten, was uns beim Aufstieg mehr als eine Stunde und den letzten Atem gekostet hat.

Die Ernüchterung folgt auf dem Fuße. Die Seitenständer unserer Motorräder sind in den von der Sonne aufgeweichten Teer eingesunken. Drei Maschinen liegen flach, zwei sind kurz vor dem Kippen. Busters XT schwimmt in einer riesigen Benzin-Öl-Pfütze. Offensichtlich hat er bei der letzten Ölstandkontrolle den Meßstab nicht wieder richtig festgeschraubt. Es dauert eine Weile, ehe Mensch und Maschine wieder aufgetankt sind. Wasser, Öl und Sprit wechseln die Behälter. Wenige Kilometer weiter hört die Straße auf. Eine Barrikade aus Fässern und Steinen, ein Schild mit Pfeil beenden den Teerbelag. Gelblichweißer pudriger Sand bedeckt die beginnende relativ ebene Piste. Ich wage es als erster.

Was ist das? Wie Wasser fließt mir der Sand über die Füße. Das Motorrad fühlt sich an wie auf einer Wattebahn. Beim Blick in den Rückspiegel glaube ich zu träumen: Hinter uns tobt das Inferno. Atompilze aus Staub vernebeln die Landschaft. Gleichzeitig glaube ich, auf einem Fahrrad zu sitzen, das in eine Trambahn-

Harte Arbeit, auch für meine Sozia Elisabeth

schiene „eingefädelt" hat. Unter dem Staub sind tiefe und harte
Spurrinnen. Stehend und mit maximalem Krafteinsatz kann ich
die Fuhre mit Mühe abfangen. Bis über die Fußrasten stecken wir
in weißem Mehlstaub. Das Hinterrad dreht auf der Stelle durch,
produziert turmhohe Staubwolken. Mit Beineinsatz und Elisa-
beths Schiebehilfe bugsiere ich die Yamaha zentimeterweise aus
der Falle. Die anderen beobachten unsere Aktion aus staubsicherer
Distanz, fahren dann wie wir am äußersten linken Pistenrand, um
die Zone der tiefen Spurrinnen zu vermeiden. So kommen wir
ganz gut vorwärts, sind aber trotzdem heilfroh, als nach einigen
Kilometern hinter einer Kuppe die geschotterte Trasse der Straße

auftaucht. Das war er also, der berüchtigte „Fesch-Fesch". Wir sehen alle aus wie in Mehl gewälzt, leiden unter Atemnot.

Am späten Nachmittag kommt die nächste Insel im Wüstenmeer der Hoggarpiste in Sicht: die wildromantische Schlucht von Arak. Seit In Salah haben wir diesen Namen ungefähr dreißigmal auf den im Zehnkilometerabstand aufgestellten Entfernungsschildern gelesen. Die Verblüffung ist groß, als uns klar wird, daß der Wert der 30 Tafeln den des Ortes Arak bei weitem übersteigt. Zwei Strohhütten sind alles, was wir hier vorfinden. An der einen steht in krakeliger Schrift auf einem alten Brett *Café*, die andere ist der Wohntrakt für die Bevölkerung von Arak: drei Tuareg und eine Ziege. Der Empfang ist dafür um so herzlicher, der Tee hervorragend. Auf meine Frage, wo wir campieren könnten, meint der Targi lachend: *„Un peu dehors de la centre."* Hundert Meter genügen, um „außerhalb des Stadtzentrums" zu sein.

Ein kurzer Regenschauer hat uns nachts geweckt. Auch jetzt um neun Uhr versteckt sich die Sonne hinter einigen Wolken. Trotzdem ist es so warm, daß wir zum ersten Mal auf dieser Reise schon morgens auf den Pullover unter der Jacke verzichten können. Durch die eindrucksvolle Bergkulisse der Arakschlucht windet sich eine nagelneue Teerstraße nach Süden. Was für ein Genuß, mal wieder in Schräglage um eine Kurve zu „zirkeln".

Kurz nach dem Canyon beginnt eine 200 Kilometer lange Baustellenzone. Auf zahlreichen, mehr oder weniger langen Umleitungen weicht unser Pistenhorror langsam einem gewissen Selbstvertrauen. Als wir kurz nach den Kasernen von In Ecker dann endlich am Beginn eines breiten Spurenbündels in Richtung Osten stehen, wird es uns trotzdem reichlich mulmig in der Magengrube. 620 Kilometer sind es nach Djanet, 280 Kilometer nach Tamanrasset, wie einem großen dreieckigen Markierungsstein zu entnehmen ist.

Der Anfang der Strecke sieht alles andere als gut aus: tiefe Spurrinnen in bodenlos aufgewühltem Sand. Wir diskutieren, ob wir eine so weite Pistendistanz mit unserer momentanen Beladung riskieren sollen. Rund dreißig Liter Benzin pro Motorrad, rund zehn Liter Wasser pro Nase haben wir in den zwei Tagen seit In Salah verbraucht, sind also schon erheblich leichter. Wir stimmen ab: zwei Enthaltungen, vier Stimmen dafür, keine dagegen.

Roggo „bricht" als erster los. Souverän meistert er stehend und driftend den zerwühlten Tiefsand, erreicht einen festeren Pistenabschnitt. Wir anderen riskieren erst mal nichts, wühlen uns langsam durch die tiefen Spuren. Ein, zwei Kilometer ackern wir uns so durch das Gelände, als Eckart das erste Mal stürzt. Der rechte Spiegel ist abgebrochen, ein Koffer verbeult. Ihm selbst ist glücklicherweise nichts passiert. Das Ölthermometer seiner Yamaha bewegt sich allerdings in Bereichen, die für den Motor keine Erholung sind. Das Kupplungsspiel am Handgriff hat sich ums Fünffache erhöht. Die Wühlerei im ersten Gang kostet ihren Preis.

Nach der Passage eines extrem weichsandigen Wadis erklimmt die Piste eine Gruppe flacher Geröllhügel, läßt sich für einige Kilometer problemlos befahren. Kaum wieder in der Ebene, wird es mörderisch. Eine „Fahrbahn" wie ein überdimensionales Waschbrett versetzt unsere gesamte Fuhre in unerträgliches, nerven- und materialzermürbendes Gerüttel. Alles scheppert und dröhnt. Wir werden durchgeschüttelt, daß uns die Zähne klappern: Wellblech! Ich erinnere mich an die Empfehlung eines Reiseführers für Wüstentouren: die Geschwindigkeit erhöhen, bis die Räder nur noch von Buckel zu Buckel springen.

Leichter gesagt als getan. Wir kommen kaum vom Fleck. Beim Beschleunigen dreht das Hinterrad mangels Bodenkontakt einfach durch. Als wir dann doch schneller werden, beginnt ein grauenhaftes Stakkato aus immer härter werdenden Schlägen. Die Federung hämmert wie ein Maschinengewehr. Es kann sich nur noch um Sekunden handeln, bis das Motorrad auseinanderfällt. Nahezu schlagartig, bei rund 90 km/h, kehrt relative Ruhe ein, das brutale Hacken weicht einer gleichmäßigen Vibration. Wie in Trance rase ich auf der schnurgeraden Wellblechspur dahin.

Weit vor uns taucht plötzlich Roggo auf. Er steht neben seinem Motorrad, grinst breit und hält den Daumen zum O.K.-Zeichen hoch. Offensichtlich hat er denselben Fahrstil angewandt, wartet nun am Pistenrand auf uns und die anderen. Wo sind sie überhaupt? Der im Wellblech-Rhythmus vibrierende Rückspiegel zeigt nur noch „Ameisenrennen". Ich drehe mich kurz um. Im selben Moment bricht in einer leichten Linkskurve das Hinterrad der SR aus, versetzt erst rechts, dann links, dann noch mal rechts so stark, daß wir nahezu quer stehen. Irgendwie fange ich die auskeilende Maschine einigermaßen ab, jedoch auf Kosten der Fahrtrichtung. Mit hoher Geschwindigkeit schießen wir über den sprungschanzenartig ausgefahrenen Pistenrand, landen nach mehreren Metern und einer Ewigkeit auf dem Vorderrad. Die durchschlagende Telegabel dröhnt wie eine Kirchenglocke. Die SR springt wie ein bockendes Wildpferd, versetzt erneut meterweit nach links und rechts. Völlig machtlos kann ich nichts anderes mehr tun, als den Lenker festzuhalten. Quer zur Fahrt, besser gesagt, Sprungrichtung kommen wir endlich zum Stehen, können es beide nicht fassen, daß wir nicht gestürzt sind. Wir steigen vom Motorrad, lassen es einfach umkippen und hocken uns mit zitternden Knien in den Sand. Diese „Akrobat-schön"-Einlage hätte böse enden können. Roggo kommt herübergefahren, drückt uns eine Beruhigungszigarette in die Hand und meint trocken: „Det hätte man filmen soll'n."

Die anderen sind auch nach einer Zigarettenlänge noch nicht aufgetaucht. Wir ahnen Schlimmes und fahren zurück, diesmal neben der Wellblechpiste. Der Sand ist zwar weich, aber relativ unverspurt. Im zweiten und dritten Gang kommen wir mit dreißig bis vierzig Stundenkilometern gut voran. Nur ein kurzes Stück hinter der Stelle von Eckarts erstem Sturz, in dem erwähnten tiefsandigen Wadi treffen wir auf sie. Es sieht nicht gut aus. Eckart ist ein zweites Mal gestürzt und hat sich die Schulter geprellt. Zudem gibt sein Motor höchst ungute Geräusche von sich: ein schleifendes Klappern aus dem Zylinderkopf, das um so lauter wird, je niedriger die Drehzahl ist. Diagnose: Steuerkettenspanner gebrochen! Auch Buster ist nicht in bester Verfassung. Seine XT steht mit bis zur Hinterachse eingewühltem Rad in einiger Entfernung. Lakonisch meint er: „Kupplung im Arsch."

Unsere erste Pistenfahrt ist also schon nach wenigen Kilometern kläglichst gescheitert. Wie sollen wir je nach Schwarzafrika kommen? 1500 Kilometer Piste erwarten uns zwischen Tamanrasset und Zinder, dem Beginn der Teerstraße südlich der Sahara. Für heute interessiert nur noch, ob wir die restlichen 100 Kilometer nach Tam schaffen.

Wir schaffen sie, denn Busters Kupplung erholt sich wieder, als der Motor abgekühlt ist. Eckarts XS hält wunderbarerweise durch, zumindest insoweit, als sie aus eigener Kraft Tamanrasset erreicht. Die Geräusche, die sie dabei macht, lassen uns jedoch Schlimmes befürchten. Genaues wissen wir erst, wenn der Motor zerlegt ist.

Vierzig der hundert Kilometer nach Tamanrasset sind Piste, eine breite „Wellblech"-Berg-und-Tal-Bahn, die relativ gut zu befahren ist. Vielleicht hat es uns auch nur nach den ersten Kilometern die Nerven taub geschüttelt. Auf neuem Asphalt rollen wir in die Stadt: Zahllose rote Lehmhäuser, blaugekleidete, verschleierte Männer, Cafés unter schattigen Tamarisken, auf den Straßen Trubel und Verkehrsgewühl von Kamelen, Fahrrädern und einigen Autos.

Der Campingplatz im Stadtzentrum ist groß und recht schön angelegt. Geschlafen wird in Schilfhütten. Wasser gibt es nur morgens und abends. Außer uns sind noch andere Motorradfahrer da: drei Australier, darunter eine Frau. Sie sind in London gestartet, hatten ihren ersten Unfall schon in Italien und warten nun auf Ersatzteile, während sich das Mädchen von zahlreichen sturzbedingten Prellungen erholt. Ein weiterer Motorradfahrer, Franzose, schlägt bezüglich monströser Beladung selbst uns um Längen. Er zieht hinter seinem Motorrad einen riesigen Anhänger her!

Auch eine Handvoll automobiler Wüstenfahrer bewohnt das *campement*. Wir erfahren, daß es gestern an der Niger-Grenze noch kein Benzin gab. Die Aussichten, daß sich das ändert, bis wir Tam verlassen können, sind allerdings nicht schlecht, denn wie sich am nächsten Tag herausstellt, werden wir vor Ablauf von zwei Wochen kaum weiterfahren können: Die Demontage des defekten XS-Zylinderkopfs bestätigt unsere Vermutung. Vom Spanner der Steuerkette sind nur noch Rudimente übrig. Wo ist der Rest? Zwangsläufig irgendwo im Innern des Motors. Glück im Unglück: Das abgebrochene Teil fällt uns bei der Demontage der Ölwanne entgegen. Zumindest größerer Schaden scheint an den mechanischen Innereien des Zweizylinders nicht entstanden zu sein. Metallspäne oder -stückchen sind nicht zu entdecken.

Es folgt stundenlanges Warten auf der Post. Die Telefonverbindung nach Deutschland ist schlecht, doch letztendlich weiß Eckarts Bruder, was er zu tun hat. Zwei Tage wird er brauchen, das Teil zu besorgen, fünfmal so lange wird es dauern, ehe es in Tamanrasset auf der Post liegt.

An meiner SR sind mehrere Speichen gebrochen. Ersatz ist nicht dabei. Doch findet sich in einer Werkstatt, die kaum als solche zu erkennen ist, ein „Schweißgenie". Nach der Reparatur sind die

Speichen stabiler, die Radunwucht größer denn je zuvor. Mit der Lösung des XS-Problems im Kopf, „düse" ich zum Campingplatz zurück, bekomme, unglaublich, aber wahr, ein Strafticket für zu schnelles Fahren. Tamanrasset ist eben tatsächlich eine richtige Stadt.

Eckart übergibt mir etwas skeptisch die beiden Bruchstücke des Kettenspanners. Mit gemäßigtem Tempo fahre ich zurück zur Werkstatt. Nicht schön, aber stabil zusammengeschweißt, macht das Teil wieder einen recht soliden Eindruck. Bleibt nur noch das Problem der restlos abgeschliffenen Kunststofführungsschiene. Mittels hitzefestem Zweikomponentenkleber und einem Stück Autoreifen versetze ich den Spanner in einen absolut gebrauchsfähigen, wenn auch nicht gerade der Filigrantechnik japanischen Motorradbaus entsprechenden Zustand. Nach Einbau des „Wunderwerks" hört sich die XS gar nicht so übel an. Eckart will trotzdem wenigstens eine Woche auf Post warten. Zum Glück arbeitet die Zeit für uns, zumindest, was die Tankstelle in In Guezzam betrifft. Roggo und Buster sind weniger begeistert. Im Gegensatz zu uns wird ihr Reiseende nicht vom Geld, sondern von ihrer Zeit bestimmt. Zwei zusammengelegte Jahresurlaube sind nun mal für einen Transsaharatrip nicht gerade reichlich.

Ausflüge von Tam: Pechsträhne

Am dritten Tag unseres Tam-Aufenthalts weicht bei dreien von uns das Erholungsbedürfnis einer großen Langeweile. Roggo, Buster und ich beschließen, die kleine Hoggar-Rundfahrt in Angriff zu nehmen. Um die 200 Kilometer lange Bergpiste möglichst unbeschwert genießen zu können, demontieren wir die gesamte Reiseausrüstung. Mit völlig unbeladener Maschine verlassen wir Tamanrasset auf kilometerbreiter Sand-Wellblech-Piste nach Osten. Welch fahrerischer Hochgenuß! Unsere Motorräder erscheinen uns so handlich wie Fahrräder, Motorleistung und Federung sind schier unerschöpflich. Wie die Moto-Cross-Piloten brettern wir mit 80, 100 „Sachen" über die Piste, kommen erst wieder zur Vernunft, als wir nicht mehr wissen, wo es lang geht, denn an Abzweigungen herrscht kein Mangel.

Ein blaugewandeter, verschleierter Reiter hoch zu Kamel erwidert unsere Frage nach dem Assekrem-Paß mit einem Fingerzeig auf einen markanten, von vertikalen Rinnen durchzogenen Felsklotz. An seinem rechten Rand, erklärt er uns, sei der „Boucle d'Assekrem", die schleifenförmige Rundfahrt durch das Hoggar-Gebirge. Querbeet legen wir einige Kilometer in Richtung des dolomitenähnlichen Bergmassivs zurück. Ein herrliches Fahrgefühl, sich seinen Weg durch spurenloses Gelände selbst zu suchen, dem Verlauf der Wadis zwischen Büschen und Bäumen zu folgen, um Felskugeln und Steinhügel zu kurven, über kleine Dünen und Abbrüche zu springen. Die breite Piste, auf die wir am Fuß des „Iharen" genannten Bergs treffen, ist eine Rüttelstrecke der übelsten Sorte, Wellblech brutal.

Je weiter wir ins Hoggar vorstoßen, desto kurviger, steiler und ausgewaschener wird die Route. Immer wieder fehlen ganze Pistenteile, sind von den Wassermassen vergangener Regenfälle weggerissen worden. So großartig die Landschaft ist, so wenig können wir sie genießen, zumindest während der Fahrt, dafür ist die Piste einfach zu schwierig. Einerseits bedaure ich, dieses Erlebnis nicht mit Elisabeth teilen zu können, andrerseits bin ich heilfroh, alleine auf dem Motorrad zu sitzen. Die letzten fünf Kilometer vor der Paßhöhe sind nichts anderes als ein ausgewaschenes, grobschottriges Bachbett. Unglaublich steil windet sich der pistenähnliche Holperpfad hinauf. Spätestens hier hätten wir zu zweit und mit Gepäck das Handtuch werfen müssen.

Wir sind spät dran, es ist nicht mehr viel Zeit bis Sonnenuntergang. Einige heruntergekommene Hütten stehen auf dem 2500 Meter hohen Bergsattel des Assekrem. Kein Mensch, kein Fahrzeug weit und breit, nur einige Esel. Zu Fuß klettern wir einen steilen Fußweg auf den höchsten Punkt. Ein kleines Kirchlein mit Bibliothek, eine alte Emailletafel mit den Höhenangaben und Namen der umliegenden Berge erwarten uns dort oben: die Eremitage des Jesuitenpaters Foucauld. 1916 war der Tuareg-Freund im Kampf zweier rivalisierender Stämme erschossen worden.

Die bizarren Basaltdome der Hoggargipfel, die kahle Schroffheit und zugleich sanfte Harmonie dieses Wüstengebirges wirkt im roten Licht der Abendsonne wie eine surrealistische Science-fiction-Landschaft.

Es wird langsam, aber sicher barbarisch kalt. Kein Wunder in 2700 Meter Höhe. Roggo und ich frieren wie die Schneider in unseren Leinen-Overalls, Buster klappert mit den Zähnen. Entgegen unseren Ratschlägen ist er ja in der kurzen Hose gefahren. 90 Kilometer sind es bis Tamanrasset. In höchstens einer halben Stunde wird völlige Dunkelheit herrschen. Vielleicht können wir bis dahin wenigstens die Ebene westlich des Hoggar erreichen. Ich bezweifle es, denn die Abfahrt über die sogenannte Ilamanepiste soll angeblich noch schwieriger sein als der Weg, den wir gekommen sind. Wir haben keine andere Wahl, als es zu versuchen. Ohne Schlafsack und Pullover dürften wir die Nacht hier oben wohl nicht überleben. Oder sollen wir nach den Nachfolgern des Pater Foucauld suchen? Bis jetzt haben wir allerdings noch keinen der beiden Pater, die hier oben wohnen sollen, gesehen.

Doch da springen Roggo und Buster schon wie die Bergziegen den Fußweg hinunter. Als wir bei den Motorrädern ankommen, verschwindet der Sonnenball soeben zwischen zwei markanten Felstürmen hinter dem Horizont. Jeder von uns tritt mehr als zwanzigmal auf den Kickstarter ein, ehe die Fünfhunderter-Einzylinder endlich losballern. Es muß an der dünnen Luft und den wahrscheinlich recht verstaubten Luftfiltern liegen. Wenigstens wärmt uns der „Kick-Sport" etwas auf.

Was dann kommt, läßt uns schier verzweifeln. Der Schwierigkeitsgrad des aus kopfgroßen Felsbrocken bestehenden Trampelpfads, der vom Assekrem schwindelerregend steil über Kurven ins Tal führt, läßt die Herfahrt als Spazierweg erscheinen. Die Federung der SR 500 ist nur noch am Durchschlagen, die Motorschutzplatte setzt am laufenden Band mit nervenzermürbendem Krachen auf großen Felsbrocken auf. In einer guten Stunde schaffen wir lächerliche 18 Kilometer, sind mit unseren Nerven und Kräften ziemlich am Ende. Es ist inzwischen stockdunkel und so kalt, daß wir uns beim gierigen Aufwärmen an Zylinderkopf und Auspuff der Maschinen Brandblasen holen. Auf verheerender Piste kämpfen wir uns weiter durch die Nacht. Zum Glück ist die Spur eindeutig und schmal. Orientierungsprobleme bleiben uns wenigstens erspart.

Die Piste ist nun weniger holprig und steil. Dafür machen uns bodenlose Weichsandpassagen und tiefe Spurrinnen das Leben zur Hölle. Alle drei gehen wir mehrmals zu Boden. Gegen zehn Uhr nachts sind wir vor Frieren, Hunger und Erschöpfung nahezu am Ende, haben in vier Stunden gerade 55 Kilometer zurückgelegt.

Plötzlich verzweigen sich die Spuren in drei Himmelsrichtungen. Wir haben eine riesige Ebene erreicht, verlieren vollkommen die Orientierung. In großer Entfernung ist ein kleines flackerndes Licht zu erkennen. Wir halten darauf zu. Wo ist Buster? Wir kehren um, suchen ihn in der Dunkelheit. Offensichtlich ist sein Motor ausgegangen, denn das Licht der XT ist nirgendwo zu sehen. Die Batterie der Yamaha hat ja schon vor Tagen ihren Geist aufgegeben. Plötzlich höre ich ihn rufen. Sein Benzin ist aus. Ich baue meinen Tank ab, halte ihn über das 27-l-Faß der XT, das

Buster aus Gewichtspar-Fanatismus in Tamanrasset mit kaum zehn Litern gefüllt hat. Auch Roggo und ich fahren schon auf Reserve. Die Assekrempiste hat unseren Verbrauch um gut 50 Prozent auf über sieben Liter pro 100 Kilometer erhöht.

Das Licht ist ein Feuer, das Feuer ein Dorf, eine Siedlung aus Schilfhütten. Zwei Tuareg sitzen am Feuer, springen hoch, als wir auftauchen. Zugleich zeigen sich in den Türen und Fenstern dunkle Gesichter. Die Aufregung ist groß. Als Buster sich mit verzerrtem Gesicht zum Feuer schleppt und vor Kälte zitternd fast hineinsetzt, registriert man langsam, daß es uns nicht besonders gut geht. Ein älterer, hochgewachsener Targi, offenbar der Dorf-Chef, sagt etwas zu einer Frau. Kurz darauf kommt sie mit einem Stapel Decken aus einer der Hütten zurück. Dankbar wickeln wir uns darin ein, kauern uns um das Feuer. Ich erzähle, was passiert ist, frage nach der Piste Richtung Tam. Der Chef erklärt uns, daß wir hier übernachten müßten, da es zu gefährlich sei, weiterzufahren: *„Vous ne pouvez pas trouver la piste. Trop de deviation."* Es ist unmöglich, in dieser Ebene bei Nacht die richtige Piste zu finden. Es gibt zu viele Abzweigungen.

Man serviert uns Tee und Fladenbrot. Langsam kommen wir wieder zu uns, hören auf, mit den Zähnen zu klappern. Im „Haus" des Dorfoberhaupts schlafen wir schließlich alle drei auf einem Lager aus Strohmatten unter einer riesigen Decke aus Kamelhaar. Nur noch einige Augenblicke betrachte ich ungläubig die märchenhafte Umgebung, die im Feuerschein flackernden, mit Teppichen und Decken behängten Schilfwände, die vom Dachgerüst aus knorrigen Ästen baumelnden Lederutensilien. Unser Gastgeber hockt auf einem bunten, gewebten Teppich, wickelt sich gerade seinen viele Meter langen Turban, den *chech*, vom Kopf. Während ich sein markantes, beinahe europäisch wirkendes Gesicht betrachte, fallen mir die Augen zu.

Früh am nächsten Morgen brechen wir auf, bedanken uns für

Unser Reiseteam (von links): Buster, ich, Roggo, Richard, Elisabeth

Kost, Logis und zehn Liter Benzin. Mit einer genauen Wegbeschreibung ausgestattet, erreichen wir auf breiter und schneller Sandpiste in einer Stunde das 50 Kilometer entfernte Tamanrasset. Elisabeth, Richard und Eckart sind zutiefst erleichtert, waren schon kurz davor, uns durch die Polizei suchen zu lassen. Als wir unser Abenteuer in den glühendsten Farben schildern, wollen auch sie einen Ausflug unternehmen. Wir beschließen, morgen zu einer anderen interessanten Stelle zu fahren, dem Wasserfall von Temekrest, südlich von Tam. Im Reiseführer eines französischen Landrover-Pärchens ist der Weg dorthin beschrieben.

Auf dem Campingplatz sind inzwischen auch zwei deutsche VW-Busse eingetroffen. Den einen kennen wir aus El Golea. Dort war das Aachener Paar noch damit beschäftigt, die durchgebrannte

Zylinderkopfdichtung auszutauschen. Sie wollen morgen mit uns zum Wasserfall fahren.

Am selben Abend erhalten wir noch eine gute Nachricht. Von Süden treffen zwei weitere Fahrzeuge auf dem Campingplatz ein. Sogleich löchern wir sie bezüglich der Tankstelle in In Guezzam. Es gibt Benzin! Für Roggo, Buster und mich heißt das, daß die demontierten hinteren Kanisterhalter auf den Schrott wandern können. Je zwei 20-l-Kanister bringen wir noch heute für einen unerwartet hohen Preis an den Mann. Neue Blechkanister sind in Tamanrasset Wertgegenstände.

Richard und Eckart beschließen, auf den für morgen geplanten Abstecher zum Wasserfall von Tamekrest zu verzichten und statt dessen ihre Maschinen „abzuspecken". Vielleicht können wir in zwei Tagen schon Richtung Nigergrenze starten.

Früh am Morgen starten die beiden VW-Busse, Roggo, Buster, Elisabeth und ich zu unserer heutigen Spazierfahrt. Die ersten zehn Kilometer auf der Hauptpiste nach In Guezzam verschaffen uns schon mal einen bitteren Vorgeschmack auf das, was uns demnächst für wer weiß wie viele Tage das Leben schwermachen wird: Brutal-Wellblech! Leiden wir schon unter dem material- und nervenzerfetzenden Gerüttel, so scheint es für die Insassen der VW-Busse noch um einiges schlimmer zu sein. Obwohl sie im Schrittempo über die Piste kriechen, sieht es aus, als ob ihre Gefährte jeden Moment auseinanderbrechen. Die Geräuschkulisse aus schlagender Federung und scheppernder Ausrüstung ist entsprechend.

An einer unbeschilderten Abzweigung verlassen wir die Hoggarpiste in Richtung Südosten. Die Strecke wird schmal wie ein Feldweg, die Landschaft beeindruckend: Kurvenreich führt die Spur durch enge Schluchten, malerische, dicht bewachsene Queds, gelegentlich sehr steil und holprig über felsige Bergsättel. Sooft es das Gelände erlaubt, bleiben wir neben der schmalen

„Feldwegpiste", denn die halbmetertiefen Spurrinnen im boden-
losen Wadisand machen die Fahrt für uns zum Eiertanz, für die
VW-Bus-Fahrer zur Wühlerei im Schneckentempo. Immer wieder verhindert nur geballter Schiebeeinsatz ein totales Steckenbleiben der von dieser Piste doch reichlich überforderten Mini-
Wohnmobile. Obwohl zu zweit auf unserer SR, kommen wir ganz
gut zurecht, rutschen nur einmal in einer von tiefen Spuren
aufgewühlten Sandpassage aus, zum Glück ohne Folgen. Gut
vierzig Kilometer geht es so recht flott dahin. Immer wieder
warten wir auf unsere beiden Busse, die aus erstem und zweitem
Gang nicht herauskommen.

Schließlich erreichen wir ein riesiges Wadi. Nach links führen
Spuren in den Trockenfluß hinein, Richtung Nordwesten auf die
Berge des Hoggar zu. Das muß der Beschreibung nach das „Qued
Temekrest" sein. Kaum vorstellbar, daß am Ursprung des breiten
„Stroms" aus Sand Wasser über Felsen plätschern soll. Nach einer
halben Stunde Wartens sind wir wieder komplett. Gemeinsam
nehmen wir die letzten fünf Kilometer zur „Cascade de Teme-
krest" in Angriff.

Kaum fünf Meter von der Piste entfernt, stecken wir alle, Autos
und Motorräder, bis zu den Achsen im Sand. Nichts geht mehr.
Derart tückischen Untergrund hat keiner von uns bisher erlebt.
Mit Schaufeln, Sandblechen und Schiebeeinsatz bekommen wir
die Busse wieder flott. Zweiter Versuch, diesmal mit Anlauf und
Schwung. Wir warten, bis unsere Begleiter einige hundert Meter
zurückgelegt haben. Es scheint zu gehen. Schaukelnd wie Kamele
und in wilden Schlangenlinien fräsen sich die beiden Wagen wie
Schneepflüge durch den Sand. Doch schon wird aus kreischender
Höchstdrehzahl wieder abgewürgtes Röcheln. Blitzschnelles Run-
terschalten rettet den Aachener Bus gerade noch einmal auf eine
Insel aus härterem Sand. Das kann ja heiter werden!

Wir beschleunigen auf der harten Piste bis über 50 Stundenkilometer, ehe wir uns in den Sand stürzen. Wie eine Riesenfaust packt er zu, zwingt uns schon nach wenigen Metern in den zweiten Gang. Nur im Stehen kann ich die „baggernde" und auskeilende Maschine in der Gewalt halten. Elisabeth „turnt" mit. Zum Glück erweisen sich die seitlichen Gepäckträgerstreben als für solche Einlagen ausreichende Haltegriffe. Eine harte Kante läßt den „Ouvertüren-Gong" der Federung ertönen. Auf dem folgenden kaum hundert Meter langen Stück aus vertrocknetem Schlick beschleunige ich die SR auf rund hundert Stundenkilometer. Noch ein Sprung mit „Gong", wir sind mittendrin in endlosen Tiefsandfeldern, fliegen ohne Rücksicht auf Federung, Felgen oder Reifen durch das Wadi.

Wir überholen die VW-Busse, werden kurz darauf von Roggo und Buster eingeholt. In großem Abstand nebeneinander fahrend, rasen wir im Formationsflug durch das Qued. Buster beschleunigt noch weiter, zieht uns langsam, aber sicher davon. Hoffentlich reitet ihn nicht der Teufel!

Je weiter wir in das Wadi vordringen, desto weicher wird der Sand, desto mehr Konzentration und Ausweichmanöver erfordern die harten und hohen Stufen, die Büsche, Steine und Felsplatten. Wir reduzieren das Tempo, legen die letzten 100 Meter im Grenzbereich zwischen Wühlen und Vorwärtskommen zurück. Hinter einer Biegung taucht das Ende des nun recht engen Wadis auf, ein Einschnitt in den Bergen, glatte, abgeschliffene Felswände.

Wo ist Buster? Seine Spur führt aus dem Sand auf eine leicht ansteigende Felsplatte. Plötzlich sehen wir ihn: Total verdreht liegt er in einem sandigen, zwei Meter tiefen und kaum fünf Meter breiten Einschnitt. Abgestürzt! Daneben wie hingeworfen die XT.

Buster ist benommen. Knie, Ellbogen, Schulter und Kinn sind geprellt und aufgeschürft. Nichts ist gebrochen, für einen Sturz dieser Kategorie eine Höchstleistung von Busters Schutzengel.

Auch die XT ist besser beieinander, als es zuerst aussieht. Lediglich der Lenker ist etwas verbogen, der Kupplungshebel um die Hälfte kürzer, Vorderradfelge und Tank haben eine kleine Beule.

Durch den Assekrem-Ausflug schlauer geworden, habe ich diesmal im Tankrucksack neben Werkzeug, Ersatzteilen und Kamera auch das Verbandszeug untergebracht. Bis die VW-Busfahrer eine halbe Stunde später eintreffen – sie sind mehrmals „eingesandet" –, haben wir Busters Wunden im spärlichen Rinnsal der „Kaskade" ausgewaschen, desinfiziert und verbunden. Der „Mumien-Look" läßt unsere Automobilisten die Bescherung schon von weitem erkennen. Die Bestürzung ist groß. Wir diskutieren Möglichkeiten des Heimtransports. Doch der Berliner Feuerwehrmann mit dem neuen Spitznamen „Kamikaze" ist zäh, bastelt nach einigen Stunden im Schatten und einem guten Essen aus den Tiefen der VW-Bus-Speisekammer schon wieder an seiner XT herum. Es ist inzwischen vier Uhr nachmittags, höchste Zeit zurückzufahren. In zweieinhalb Stunden ist es dunkel. Buster erklärt sich für fit. Wir beschließen, eine feste Reihenfolge einzuhalten, zumindest immer wieder aufeinander zu warten. Doch es kommt wieder mal ganz anders . . .

Elisabeth und ich verlassen den Wasserfall als erste. Unsere SR kommt im grundlosen Weichsand erst mal nicht auf Touren, die Motorleistung reicht unter solchen Bedingungen für zwei Personen einfach nicht aus. Wir wühlen uns mühsam Hunderte von Metern durch das Wadi, ehe wir endlich ein härteres Stück erreichen und beschleunigen können.

Wie aus dem Nichts taucht plötzlich ein Rudel wilder Hunde oder Schakale auf, rast zähnefletschend und bellend von schräg vorne auf uns zu. Wir sind noch nicht im freien Teil des Wadis, müssen immer wieder gewagte Ausweichmanöver fahren, während die Meute neben uns her rennt, nach unseren Beinen schnappt. Jetzt nur nicht stürzen! Eine Ewigkeit von ein oder zwei

Minuten dauert es, ehe wir die Bestien abschütteln können. Als wir die Piste erreichen, sitzt uns der Horror noch im Nacken.

Roggo und Buster sind nicht da. Wir haben sie gewiß nicht überholt. Sie scheinen nach Erreichen der Tampiste gleich weitergefahren zu sein. Wir warten noch ein Viertelstündchen, bis die beiden Busse in Sicht kommen. Fünfzig Kilometer weiter, eineinhalb Stunden später, rollen wir auf den Campingplatz. Ich habe vor, mit Buster und Roggo ein „ernstes Wörtchen" zu reden, weil sie entgegen unserer Abmachung kein einziges Mal gewartet haben. Doch sie sind noch gar nicht angekommen!

Was sollen wir tun? Wir sind beide reichlich erledigt, Schultern, Nacken und Arme sind von der Pistenfahrerei verspannt und schmerzen. In Übereinkunft mit Richard und Eckart, die heute ihre Beladung total umgebaut und auch erheblich reduziert haben, beschließen wir, die Ankunft der VW-Busse abzuwarten. Kurz vor Sonnenuntergang treffen sie ein, haben die beiden Berliner genausowenig gesehen wie wir! Keine zwei Minuten später kommt Roggo in den Campingplatz hineingerast, ruft noch mit dem Helm auf dem Kopf: „Ist Buster schon da?"

Die beiden haben sich erst verfahren und sich dann auch noch verloren! Wie wir waren sie von der Hundemeute gehetzt worden, hatten dabei die Piste nach Tamanrasset überquert und den Irrweg erst etliche Kilometer weiter bemerkt. Ein Plattfuß am Vorderrad von Busters XT verzögerte die Rückkehr so sehr, daß selbst die VW-Busse uneinholbar weit voraus waren.

Nach der Flickaktion war Buster an erster Stelle gefahren. Die beiden hatten wegen des Staubs großen Abstand gehalten. Als die Spur kurz vor Erreichen der Hoggarpiste in eine Ebene mündete, Buster aber nicht zu sehen war, wurde es Roggo mulmig. War er noch einmal gestürzt, liegt nun verletzt und unbemerkt neben der Piste? Roggo drehte um, fuhr bis zu der Stelle, wo er Buster das letzte Mal gesehen hatte.

Wo kann unser „Kamikaze" nur sein? Mir fällt die Stelle unseres Sturzes von der Hinfahrt ein: Etwa zehn Kilometer nach der Abzweigung gabelt sich die Piste. Nach Umfahrung eines kleinen Bergzuges vereinigen sich beide Spuren wieder. Wir hatten im Gegensatz zu den anderen die linke Strecke gewählt, kurz darauf in einer der aufgewühltesten Passagen des ganzen Ausflugs „in den Sand gebissen". Nur dort konnten sich die beiden verloren haben.

Auf meiner SR 500 fahren Roggo und ich noch einmal los in die Nacht. Zum Glück unterstützen der Halbmond und das Sternenmeer des Wüstenhimmels das Scheinwerferlicht der Yamaha. Dennoch sieht bei Nacht alles anders aus. Roggo schreit mir vom Rücksitz ins Ohr, daß er Elisabeth bewundere. Ich bezweifle selbst, daß ich mich unter solchen Fahrbedingungen auf den Sozius eines Motorrades setzen würde.

Der erwähnte Berg taucht im Mondlicht, die Pistengabelung im Scheinwerferlicht auf. Wie Bewässerungskanäle sehen die tiefen Spurrinnen der linken Strecke aus. Schon stehen wir das erste Mal quer, wühlen uns weiter. Plötzlich – die XT, rechter Hand an die Felswand gelehnt. Das Vorderrad ist wieder platt, der Lenker noch verbogener als zuvor. Kein Buster weit und breit. Wir brüllen durch die Nacht, doch nichts und niemand antwortet. Mit unseren Taschenlampen suchen wir den Boden ab: Deutlich sind im Sand eine Menge Fußspuren zu sehen. Sie führen vom Motorrad zur Piste. Es gibt nur eine Erklärung: Ein vorbeikommendes Auto muß Buster mitgenommen haben. Doch warum ist es uns nicht begegnet?

Wieder zurück auf dem Campingplatz, löst sich das Rätsel. Buster liegt vor dem Zelt auf der Iso-Matte, wird von Elisabeth verarztet. Drei Tuareg in einem Landrover hatten ihn nach einem Sturz aufgepickt und zurück nach Tam gebracht, allerdings nicht via Hoggarpiste, sondern auf einem der zahllosen Wege, die in alle Richtungen aus der Stadt führen. Buster ist schwer angeschlagen, vor allem auch moralisch. Morgen werden wir sein Motorrad holen.

So vergehen noch drei Tage, ehe wir aus Tamanrasset weg können. Eigentlich hätten es nur zwei sein sollen. Doch Freitag ist nun mal Sonntag in der Welt des Islam. Zoll und Polizei sind geschlossen.

Von Tam nach Teguidda-n-Tessoum: Härtetest

Samstag, 9. Dezember 1978: Der Tag unseres Aufbruchs zum zweiten, schwereren Teil der Saharadurchquerung. Die Motorräder sind wieder in halbwegs gutem Zustand, das Öl erneuert, die Luftfilter gereinigt. Jede Maschine ist zig Kilo leichter als bei unserer Ankunft in Tam, aber auch zig Kilo schwerer als bei den Ausflügen der letzten Tage. Bei dem Gedanken an 1500 vor uns liegenden Pistenkilometer wird mir reichlich unwohl in meiner Haut.

Den anderen scheint es ähnlich zu gehen, unsere Abreise aus der Wüstenmetropole verzögert sich mehr und mehr. Der Vormittag vergeht mit Tanken, Auf- und Umpacken, letzten Wartungsarbeiten. Als wir schließlich kurz nach elf am Büro der Fremdenpolizei stehen, heißt es erst mal: *„Après-midi!"*

Um zwei Uhr ist auch das erledigt. Wir rollen zum Zollgebäude am Beginn der Piste nach In Guezzam. Hier beginnt der eigentliche Ärger: Die Abfertigung verläuft schleppend langsam. Der Beamte läßt immer nur eine Person in das Büro, ist offensichtlich heute nicht gerade bester Laune. Mit Elisabeth beginnt er, danach darf ich mir den Ausreisestempel holen. Zur abschließenden

44

Durchsuchung des Gepäcks schickt er uns nach draußen.

Die Geduld unserer Mitreisenden scheint inzwischen sehr strapaziert, die Stimmung auf dem Nullpunkt zu sein. Eckart kauert vor seiner laufenden Maschine, vermeint ein merkwürdiges Klappern zu hören. Während wir für den Zöllner unsere Satteltaschen und das Topcase öffnen, gibt Eckart plötzlich kund, daß er doch in Tam bleiben und so lange warten will, bis das bestellte Original-Ersatzteil eintrifft. Roggo und Buster sind stocksauer, erklären, daß sie dann alleine weiterfahren. Ich will vermitteln. In unserer Diskussion kommt sich der Zollbeamte wohl etwas vernachlässigt vor, explodiert plötzlich im wahrsten Sinn des Wortes, fragt uns wütend, wo wir denn zu sein glauben. Ultimativ schickt er Elisabeth und mich auf die Piste, droht, unsere Pässe einzubehalten, die Ausreisegenehmigung nach Niger zu annullieren, wenn wir nicht sofort aus Tam verschwinden würden. Wir haben keine andere Wahl, erklären den anderen, daß wir an der Abzweigung zur Temekrestpiste auf sie warten würden. Das tun wir dann auch. Stunde um Stunde vergeht. Die Sonne steht schon tief, als alle plötzlich auftauchen. Wir sind zutiefst erleichtert.

Das klappernde Geräusch an Eckarts Maschine ist weg. Richard hatte entdeckt, daß die Kettenspanner-Kontermutter locker war, der Spanner also schlicht und einfach nicht gespannt hat.

Am Zoll muß es dann noch reichlich Ärger gegeben haben. Diesmal scheint es von Vorteil gewesen zu sein, daß keiner von den anderen Französisch spricht. Der Zöllner hat wohl ob der Verständigungsprobleme kapituliert.

Ein Dutzend Kilometer quälen wir uns noch bis Sonnenuntergang über das mörderische Wellblech, lagern einige hundert Meter neben der Piste in einem kleinen Wadi voller Tamarisken. Buster bekommt vom Geschüttel der Piste wieder arge Wundschmerzen. Hoffentlich geht es ihm morgen besser! Wir brutzeln

Suppe auf dem Benzinkocher. Dazu gibt es frisches Weißbrot und Orangensaftkonserven aus Tam.

Schon früh liegen wir in den Schlafsäcken, philosophieren unter dem geradezu unwirklich klaren Sternhimmel über Gott und die Welt. Aus allen Himmelsrichtungen tönt an- und abschwellendes Geheul: Schakale, vielleicht auch nur die Hunde von Tamanrasset auf nächtlicher Randale. Allerdings sind wir schon über zwanzig Kilometer von der Stadt entfernt. Plötzlich bemerken wir, daß das Geheul immer näher kommt. Sollten sich die Biester um uns versammeln?

Ohrenbetäubend laut heult und bellt es nun von den Hügeln um uns herum. Schließlich entdecken wir im Mondlicht eine Meute von gut einem Dutzend Tieren, keine hundert Meter von uns entfernt. Immer näher wagen sie sich heran, heulen, knurren und bellen, daß es uns ganz anders wird. Das Erlebnis im Qued Temekrest noch frisch im Gedächtnis, bekommen wir es mit der Angst zu tun, zücken Messer und Montiereisen, schichten faustgroße Steine zu einem Wurfgeschoßvorrat auf und leuchten mit den Taschenlampen in die Dunkelheit. Das wirkt. Wie von der Tarantel gestochen, verschwinden die Bestien hinter dem nächsten Hügel. Wir zünden ein gewaltiges Feuer an. Trockenes Holz finden wir genug in dem kleinen Wadi. Noch am nächsten Morgen glüht ein dicker Stamm vor sich hin. Vor den Schakalen haben wir für den Rest der Nacht Ruhe.

Bei Sonnenaufgang wecke ich unsere „Crew" auf. Schließlich wollen wir heute zwölf Stunden *on the road* sein, mit etwas Glück und einem Dreißiger-Schnitt die Nigergrenze erreichen. Um sieben sind wir auf der Piste. Das Wellblech weicht immer öfter gut befahrbaren Sandstücken mit nicht allzu tiefen Spurrinnen. Elisabeth und ich fahren voraus, bestimmen, da am schwersten beladen, das Tempo. Im dritten Gang geht es erstaunlich flott dahin.

Nach kaum einer halben Stunde verschwinden unsere „Hintermänner" aus den Rückspiegeln. Wir halten an und warten. Wenig später kommen Roggo und Buster, berichten von einem Sturz Richards, glücklicherweise nur auf Kosten des Kupplungshebels. Richard wechselt ihn gegen das Reserveexemplar. Nach einer halben Stunde geht es weiter. Leider nicht sehr lange, denn die SR fängt an zu bocken. Der Vergaser läuft über, selbe Ursache wie im Sandsturm vor El Golea. Ich baue die Schwimmkammer ab: Ein Fingerhut voll Sand bedeckt den Boden!

Als Eckart wenig später mit einem Sturz für die nächste Unterbrechung sorgt, wird uns langsam klar, daß wir die Nigergrenze heute nicht erreichen können. Roggo und Buster wollen von diesem Vorhaben nicht ablassen, schlagen vor, wieder getrennt zu fahren. Ihr gesamter Trinkwasservorrat besteht aus zwei Halbliterdosen Orangensaft. Sämtliche Behälter sind in Tam geblieben. Hoffentlich geht das Pistenmarathon gut aus. Wir trennen uns in Freundschaft, verabreden uns bis in vier Tagen in Agadez. Als sie mit imposantem Tempo hinter ihren Staubwolken verschwinden, sind wir irgendwie erleichtert. Vielleicht ist es besser so. Ihre und unsere Motorräder, Beladung und Risikobereitschaft sind doch sehr unterschiedlich, haben vor allem bei Richard und Eckart nicht selten Streß erzeugt.

Wir wechseln die Reihenfolge. Eckart bestimmt nun als erster das Tempo. Wir fahren am Ende unserer ungewohnt kleinen Gruppe. Die Piste ist nun kilometerbreit. Steinhaufen und Eisenstangen in riesigem Abstand dienen als Markierung. Dem Wellblech können wir nun ganz gut ausweichen. Weit neben der Hauptspur brausen wir mit um die fünfzig Stundenkilometer über den Sand. Hin und wieder sorgt ein Weichsandfeld für Wühlerei und Schiebeeinsatz, ein Ausrutscher für Zwangspausen. Am Abend haben wir 250 Kilometer seit unserem Übernachtungsplatz geschafft. Das Sturzverhältnis steht 3 : 4 : 4. Zwischen malerischen Pilzfelsen lassen wir uns weit neben der Piste nieder, spüren die gewaltigen Dimensionen dieser Wüste geradezu körperlich. Etwa 130 km müssen es von hier bis In Guezzam sein. Wenn es nicht schlimmer wird, können wir uns nicht beklagen.

Die Nacht wird so kalt wie schon lange nicht mehr. Vielleicht liegt es an der für uns völlig unbegreiflichen, seit Wochen nicht mehr erlebten Luftfeuchtigkeit: Alles ist am nächsten Morgen voller Tautropfen. Sollten wir über einer unterirdischen Quelle gelagert haben?

Nach drei Stunden Fahrt haben wir gerade 50 Kilometer geschafft, sind alle vier am Ende unserer physischen und psychischen Kondition. Unsere Stürze zu zählen haben wir schon lange aufgegeben. Es müssen über zwanzig pro Maschine gewesen sein. Die Piste ist eine Hölle aus bodenlosem Tiefsand und Spurrinnen. Doch wir können nicht runter von ihr. Jedes Ausweichen ins Gelände endet mit totalem Steckenbleiben in unglaublich weichem Sand.

Mein verzweifelter Versuch, dem tückischen Untergrund mit Tempo seine Schrecken zu nehmen, endet mit einem spektakulären Sturz. Eine Bodenwelle katapultiert uns meterhoch in die Luft. Die Maschine dreht sich während des Flugs um ihre Längsachse und knallt mit unglaublicher Wucht in den Sand. Ich liege eingeklemmt unter der Yamaha, denke: Das war's. Ein wahnsinniger Schmerz zuckt durch meine linke Hand. Sie ist eingequetscht zwischen Lenker und Kupplungsgriff des auf der Seite liegenden Motorrades. Wo ist Elisabeth?

Drei Meter entfernt liegt sie im Sand. Der Schock steht ihr im Gesicht geschrieben, weicht einem Tränenausbruch. Sie rappelt sich hoch, versucht vergeblich die SR anzuheben. Wenigstens kann ich meine Hand aus der „Schraubzwinge", mein linkes Bein unter der auf Kanister und Koffer liegenden Maschine hervorziehen. Elisabeth ist unverletzt, hatte sich instinktiv vom Motorrad fallen lassen. Drei Finger meiner linken Hand sind blau, glücklicherweise aber nicht gebrochen. Benzin läuft aus. Mit größter Mühe wuchten wir die Yamaha in die Senkrechte. Inzwischen sind auch Eckart und Richard bei uns, haben den Weg von ihren auf der Piste stehenden Motorrädern bis hierher zu Fuß zurückgelegt.

Die SR sieht nicht gut aus: Der aus massivem Bandeisen geschweißte Kanisterhalter ist verbogen wie Blumendraht, der Tank von einem der Kanister eingedrückt, die Lampenhalterung abgebrochen. Beim Abbau stellt sich heraus, daß auch das Motorgehäuse an einer Stelle eingedrückt ist. Erstaunlicherweise ist die Wandung aus Aluminiumguß jedoch noch öldicht. Ich fülle den Inhalt des einen, noch halbvollen Kanisters in meinen Tank, schnalle den leeren Behälter auf die Gepäckrolle. Der andere, so verbeult wie die Halterung verbogen, bleibt zusammen mit dieser als „Markierung" auf der Strecke. Falls irgendwann einmal jemand genau hier vorbeikommen sollte, kann ihm das „abstrakte Kunstwerk" unsere Geschichte erzählen.

Von nun an kämpfen wir uns im Schrittempo durch die Spurrinnen, Kilometer für Kilometer. Gegen Mittag haben wir die Zone der kleinen Dünen und Weichsandfelder endlich überwunden, können mit berauschenden 80 km/h in riesigem Abstand neben der Piste fahren.

Irgendwann fällt mir auf, daß schon länger keine Markierungsstange mehr zu sehen war. Wir drehen ab nach links, auf den Pistenhauptstrang zu. Das Spurenbündel sieht irgendwie anders aus als bisher, schmäler, weniger ausgefahren. Die Rinnen sind vom Sand so gut wie zugeweht. Wellblech ist überhaupt keines mehr zu sehen. Dennoch, es muß die Hoggarpiste sein, die Himmelsrichtung stimmt: Süden.

Mit jedem zusätzlichen Kilometer wird uns unwohler. Noch immer ist keine weitere Markierung aufgetaucht. Plötzlich ver-

Im Schrittempo quälen wir uns auf der völlig überladenen Maschine durch die Spurrinnen

zweigen sich die Spuren auch noch in unterschiedliche Richtungen. Es wird uns langsam klar, daß wir wohl doch nicht mehr auf der Hoggarpiste sind. Die ist irgendwann bei unserer flotten Fahrt auf der Strecke geblieben. Wie lange mag das nur her sein? Wir beschließen, im rechten Winkel von unserem jetzigen Standort nach Osten zu fahren. Zum Glück werfe ich noch einen Blick auf den Kompaß, glaube meinen Augen nicht zu trauen: Wir fahren exakt nach Westen! Innerhalb weniger Kilometer hat diese Piste ihre Fahrtrichtung um 90 Grad geändert, ohne daß uns dies aufgefallen ist. Wären wir wie geplant im rechten Winkel von ihr nach links gefahren, hätten wir uns endgültig verirrt. Vielleicht sind wir auch schon jetzt in dieser Situation.

Mit einem Anflug von Panik entscheiden wir uns dafür, auf Nummer Sicher zu gehen, unseren eigenen Spuren entlang zurückzufahren. Erst nach über zwanzig Kilometern taucht kaum erkennbar am Horizont rechts von uns der winzige Strich einer eisernen Pistenmarkierung auf. *In Guezzam 70* ist darauf gepinselt.

Zehn Kilometer weiter ist unsere Erleichterung wieder vergessen. Felsiges Gelände zwingt uns auf die Hauptspur. Grausiges Wellblech und tiefe Spurrinnen rauben uns die wenigen, noch gebliebenen Kraftreserven. Aus großer Entfernung sehe ich Eckart und Richard unmittelbar hintereinander in einer Spurrinne umkippen. Im selben Moment passiert uns das gleiche. Wenn es nicht so hart wäre, könnte man schon fast darüber lachen.

Es ist bereits fünf Uhr vorbei. Vierzig Kilometer trennen uns noch von dem ersehnten Grenzort. Wir haben uns schon beinahe damit abgefunden, daß wir heute nicht mehr dort ankommen, als die Piste plötzlich in eine Ebene übergeht. Auf harter und glatter „Sandautobahn" geht es mit konstanten 80 km/h nach Süden. Dieses kleine Stück entschädigt uns für nahezu alle Strapazen des heutigen Tages. Im Licht der untergehenden Sonne fliegen wir über den glatten Sand durch ein Labyrinth bizarr erodierter Felstürme. Mit den letzten Sonnenstrahlen erreichen wir In Guezzam, sind überrascht, eine relativ große Häuseransammlung vorzufinden.

Beim Tanken erfahren wir, daß zwei andere Motorradfahrer heute nachmittag nach Süden weitergefahren sind und daß sie große Probleme mit ihren Gepäckträgern haben. Wahrscheinlich ist der ganze Rohrverhau an den XTs der beiden Berliner auf dieser Strecke auseinandergefallen.

Die Grenzschranke, ein Brett auf zwei Fässern, ist und bleibt für heute zu. Vor dem Zollgebäude stehen die beiden Autoschieber von El Golea. Seit vorgestern warten sie auf die Abfertigung. In Tam waren sie nur einen Tag, offenbar als wir den Assekremausflug unternommen hatten. Die beiden anderen Fahrzeuge, die hier noch warten, versetzen uns erst einmal in ungläubiges Erstaunen: zwei alte Reisebusse mit etwa einem Dutzend junger Dänen an Bord. Acht Tage haben sie von Tamanrasset bis hierher gebraucht!

Wir lassen uns vor dem Zollgebäude häuslich nieder, kochen Tee und Suppe. Mein Motorrad steht in einer Benzinpfütze. Diesmal tropft nicht der Vergaser, sondern der Tank. Er hat also doch einen Riß. Ich entleere den Behälter in den Kanister, säubere den Riß von Dreck und Farbe und verkleistere das Ganze mit dem Zweikomponentenkleber, der schon in Eckarts Motor für Ruhe sorgt.

Während ich damit beschäftigt bin, kommen drei Zollbeamte aus der Hütte, bringen uns einen großen Topf mit Ziegenfleisch-Couscous, dazu Kekse, Tee und Orangen. Wir wissen nach der Erfahrung von Tamanrasset erst gar nicht, was wir von soviel Freundlichkeit seitens des Zolls halten sollen, vor allem, wenn er so berüchtigt ist wie der von In Guezzam. Das Essen ist jedenfalls ein Genuß, die Unterhaltung mit den dreien sehr interessant.

Unser gestriger Abendessenplausch scheint sich positiv auszuwirken. Wir werden als erste abgefertigt, und das auch noch schnell. Vielleicht hatte der Beamte aber auch nur Mitleid mit uns, denn er wußte ja schon, was uns erwartet. Die ersten 10 der 30 Kilometer Niemandsland zwischen In Guezzam und der Niger-Grenzstation Assamaka übertreffen alles bisher Dagewesene: ein riesiges mit Geröll und Felsbrocken garniertes Sandloch. Holpriger und zugleich versandeter kann eine Piste kaum sein. Wäre uns so etwas in den ersten Tagen unserer Reise unter die Räder gekommen, hätten wir sicher das nächste Schiff zurück genommen.

Eine Stunde dauert die Quälerei, dann wird das Gelände flacher, der Sand so aufgewühlt und weich, daß mit langsamem Tempo kein Vorwärtskommen mehr möglich ist. Wir wühlen uns aus dem Bereich der Hauptspur an den rechten Rand der endlos breiten Piste. Hier sind die Rinnen nicht ganz so tief, der Sand noch nicht so umgepflügt. Wir kommen auf Geschwindigkeit. Mit hohem Tempo brettern wir über die Ebene, fahren einen riesigen Zickzackkurs, um die Spurrinnen in möglichst großem Winkel zu kreuzen. Die Versetzer und Sprünge des Motorrades bleiben so in kontrollierbaren Grenzen. Eckart und Richard sind zurückgefallen, können das Tempo mangels Motorleistung in dem tiefen Sand wohl nicht halten. Doch Assamaka ist nicht mehr weit. Deutlich zeichnet sich die Festung auf einem Hügel am Horizont ab.

Mit höchster Konzentration zwinge ich mich immer wieder zu Richtungswechseln, versuche krampfhaft jedes spitzwinklige Kreuzen der tiefen Spurrinnen zu vermeiden. Je näher wir kommen, desto unheimlicher wirkt der nigerische Grenzposten. Was wir anfangs für einen schiefen Fahnenmast halten, entpuppt sich als der Lauf einer Maschinenkanone.

Geschafft! Halbzeit zwischen Tam und Agadez. Wir rollen in das kleine Fort. Ein paar Schwarze in Trainingsanzügen laufen herum. Einer bedeutet uns energisch anzuhalten. Es wird uns klar, daß wir mit Assamaka eine andere Welt betreten. Pässe abgeben. Er verschwindet damit in einem der Gebäude. Inzwischen kommen zwei andere Soldaten (vermutlich), fordern uns auf, das gesamte Gepäck abzuladen, auszupacken und Stück für Stück in den Sand zu legen. Das darf wohl nicht wahr sein! Doch was soll's? Spätestens ab jetzt heißt es, afrikanische Ruhe zu bewahren. Wir haben den Eindruck, die Burschen interessiert eigentlich nur, was Motorradfahrer so alles mit sich führen. Einer fragt nach Polaroid-Filmen, hält mir gleichzeitig eine Kamera unter die Nase, die er vor einiger Zeit von einem Touristen „geschenkt" bekommen hat. Doch das ist nun wirklich das letzte, was wir haben. Also wieder einpacken und warten.

Richard und Eckart kommen an, als wir gerade wieder beim Einräumen sind. Ich bin damit so beschäftigt, daß mir erst gar nicht auffällt, was mit Eckart los ist. Er steht unter Schock, bringt keinen Ton heraus und starrt verbittert vor sich hin. Richard erzählt, was passiert ist: Eckart ist bei hohem Tempo gestürzt, hat sich mit seiner XS 360 mehrfach überschlagen! Seine Schulter ist geprellt, die Telegabel der Yamaha verzogen.

Als die beiden Zöllner sich daranmachen, Richard und Eckart zu „zerlegen", erkläre ich ihnen, daß die beiden auch keine Polaroid-Filme hätten, außerdem krank seien. So begnügen sie sich mit dem Einsammeln der Pässe, verschwinden für die nächsten Stunden zu ihrem Kollegen.

Es stinkt nach faulen Eiern in Assamaka. Des Rätsels Lösung ist dickes Metallrohr, aus dem heißes, artesisches Wasser in einen Trog sprudelt. Wir nützen die stundenlange Warterei zu Vollbad, Kleiderwäsche und Pflege unserer vielen Blessuren. Eckarts Schulter tut das heiße Schwefelwasser sehr gut. Es geht ihm insgesamt wieder besser.

Nach einem Mittagessen aus unseren spärlichen Vorräten widme ich mich der SR, kontrolliere Fahrwerkslager, Speichen, Öl und Kette. Dabei entdecke ich, daß sich die Verstellrasten der hinteren Federbeine schon mehrere Millimeter tief in den Auflagering hineingedrückt haben. Es ist unfaßbar, welche Belastungen das Material auf diesem Trip ertragen muß.

Am frühen Nachmittag geht die Zollabfertigung weiter. Dabei hatten wir uns beim Sonnenbaden neben dem Schwefelbrunnen schon langsam an die Warterei gewöhnt, der Zeit-spielt-keine-

Rolle-Haltung der Zöllner langsam Verständnis abgewinnen können. Für jemand, der auf diesem alten Fort in dieser gottverlassenen Einöde jahrein, jahraus Dienst schieben muß, kann sie wirklich keine Rolle mehr spielen.

Um drei bekommen wir unsere Pässe zurück. Ein Stempel mehr ist drin. Plötzlich fragt Eckart mich: „Und was ist mit dem Carnet?" Bevor ich „psst!" sagen kann, reagiert der Beamte. Das Wort „Carnet" hat er verstanden, will den teuren Wisch nun von uns sehen. Dabei war ich schon so froh, daß wir wenigstens im Staat Niger noch ohne auskommen würden. Vermutlich dauert das Abstempeln der Zollgarantie des ADAC jetzt noch mal einen halben Tag. Doch nichts dergleichen. Wir können alle mit rein in die gute Stube. „Tock, tock, tock", machen die drei Stempel. Das war's. Jetzt aber nichts wie weg hier. Nur, wohin? Der Zöllner deutet nach Süden: dieselbe sandige Ebene, auf der wir gekommen sind, jedoch ohne Piste, ohne Spuren. Ganz weit weg am Horizont ein kleiner schwarzer Strich: *„Voilà, la piste par Agadez."*

460 Kilometer sind es von hier über In Abangharit und Teguidda-n-Tessoum nach Agadez. Das Ding da hinten ist also die erste Pistenmarkierung. Wir werfen unsere Maschinen an, halten in Luftlinie auf die *balise* zu. Kaum sind wir unten in der Ebene, ist sie verschwunden, war nur vom erhöhten Standpunkt Assamakas aus zu sehen.

Butterweicher, zum Glück aber unverspurter Sand verlangt unseren Motoren selbst bei 60 km/h noch Schwerstarbeit ab. Schließlich taucht der Markierungspfahl jenseits einer Steigung wieder auf. Ein Stück rechts davon ist noch ein weiterer zu sehen.

Eine riesige Staubwolke nähert sich von links, von Norden: ein LKW. Relativ langsam holpert er durch das Gelände. Wenig später wissen wir, warum: Unter dem Sand verborgene Platten aus versteinertem Schlick oder Fels wechseln sich mit Weichsandstellen ab. Immer wieder schlägt die Federung der SR auf unsichtbaren Stufen gnadenlos durch. Bei unserer nächsten Pause sehe ich dann die Bescherung: Der hintere Gepäckträger ist an drei Stellen glatt durchgebrochen. Bis heute hätte ich jede Wette gehalten, daß das Ergebnis von einer Woche Biegen, Sägen und Schweißen von keiner Piste zerstört würde. Doch die Sahara hat auch das geschafft.

Unser riesiges Topcase hängt nun nur noch an der Rahmenheckschleife des Motorrads. Eine solche Belastung hält diese mit Sicherheit nicht lange aus. Was also tun? Der LKW! Soeben taucht seine Staubwolke wieder am Horizont auf. Fünf Minuten später hält er neben uns. Zwei Araber und ein mit MP bewaffneter schwarzer Soldat mit Narbenmuster im Gesicht steigen aus. Ich erkläre, was passiert ist, worauf die beiden den Schwarzen offensichtlich um Erlaubnis fragen. Mit „Chef" wird er von ihnen angesprochen, gibt seine Zustimmung. Scheinbar sind die drei in irgendeiner wichtigen Mission unterwegs. Jedenfalls sind sie sehr freundlich, erklären sich sofort bereit, mir den schweren Aluminiumbehälter nach Agadez zu transportieren, und schreiben die Adresse auf, wo ich ihn abholen kann.

Nun ist die SR nur noch mit Tankrucksack, zwei kleinen Lederpacktaschen, der Campingrolle und natürlich Elisabeth beladen. Ich fühle mich wie auf einem Fahrrad. Es ist eben alles relativ.

Rund achtzig Kilometer südlich von Assamaka übernachten wir auf einer Ebene, die von Horizont zu Horizont so platt ist wie ein Tisch. Um acht Uhr abends ist es noch 20 Grad warm und völlig windstill. Nach dem Essen liegen wir auf unseren Matten, lauschen der absoluten Ruhe, die nur durch das Hintergrundrauschen unseres eigenen Blutkreislaufs gestört wird. Richard schaltet seinen kleinen Kassettenrecorder an, legt Pink Floyd „Wish you were here" auf. Einige hundert Meter von Lagerplatz und Kassettenrecorder entfernt, setzen wir uns auf den flachen, völlig pflanzenlosen Sandboden, schauen in den von keinem Dunstschleier getrübten Weltraum über uns und lauschen den unwirklichen Klängen der Musik. Plötzlich wird uns wieder klar, warum wir hier sind, warum wir all die Strapazen und Mühen auf uns nehmen – für Momente wie diesen!

Tagebucheintrag 13. Dezember 1978:
„Es ist beinahe Mittag. Wir sind seit heute morgen mehr als gut vorangekommen. Fast 120 Kilometer haben wir zurückgelegt ohne Sturz oder Einsanden. Dabei war die Piste gar nicht einfach, wenn auch ein Kinderspiel gegen die Höllenstrecke von vorgestern. Sand und Steine sorgten jedenfalls auch heute des öfteren für Abwechslung in der sonst so eintönigen Landschaft. Inzwischen nähern wir uns mehr und mehr der Sahelzone. Vereinzelte Büsche wachsen aus dem verdörrten, staubigen Boden. Vorhin haben wir Nomaden mit ihrer kleinen Karawane getroffen. Seit

Richard gibt den Sahelnomaden von unserem Wasser ab

zehn Minuten warten wir mal wieder auf Richard und Eckart. Vermutlich fotografieren sie die Karawane. Werden trotzdem mal ein Stück zurückfahren."

Das Bild, das sich uns nach einem knappen Kilometer bietet, spricht für sich: Richards Motorrad liegt auf der Seite. Der Lenker ist abenteuerlich verbogen, beide Spiegel abgebrochen. In zehn Meter Umkreis sind Tankrucksack, ein 20-l-Kanister und der Inhalt des Topcase verstreut. Richard ist blaß wie eine Leiche, liegt mit schmerzverzerrtem Gesicht auf dem Rücken. Sein Bein ist merkwürdig verdreht. Eckart öffnet gerade die Verschnürung von Richards linkem Springerstiefel. Erst nach völligem Entfernen des Schnürsenkels können wir den Schuh entfernen, was offenbar starke Schmerzen verursacht. Fuß und Knöchel sind unglaublich dick angeschwollen. Etwas wie ein tiefliegender Bluterguß zeichnet sich an der unteren Wade ab. Es sieht nach Bruch aus.

Eckart war weit hinter Richard, als es passierte, hat den Unfall nicht gesehen. Doch die Spuren sprechen eine deutliche Sprache: eine gerade Fahrspur, die an einer starken Bodenwelle wie abgeschnitten aufhört. Richard muß regelrecht abgehoben haben. Zweimal noch hat die Maschine den Boden berührt, ehe sie liegenblieb. Über fünf Meter unberührter Sand liegen zwischen den Aufprallpunkten – ein wirklich mörderischer Sturz. Ich erinnere mich an unsere erste Pistenfahrt vor Tamanrasset. Dort war mir dasselbe passiert. Nur die Landung war glücklicher verlaufen.

Was sollen wir nun tun? Zuerst schienen wir das Bein mit zwei Zeltstangen, bandagieren es nach Auftragen von Kytta-Salbe bis zum Knie ein und bauen aus der Zeltplane zwischen zwei Motorrädern einen schattigen Platz. Dann bleibt nur noch warten, hoffen, daß irgendwann ein Fahrzeug vorbeikommt. Wir hätten doch die Piste über Arlit wählen sollen! Sie soll zwar stärker versandet, aber viel befahrener sein.

Nach drei Stunden geht es Richard deutlich besser. Er will versuchen weiterzufahren! Knapp 300 Kilometer trennen uns vom nächsten Arzt und Krankenhaus. Es gibt fast keine Alternative als den Versuch, aus eigener Kraft dorthin zu kommen. Wir biegen den Lenker seiner XS wieder halbwegs gerade, bringen sein Gepäck in Ordnung.

Alles hängt nun davon ab, daß Richard nicht mehr stürzt, daß er auf keinen Fall den linken Fuß zum Ab- und Aufsteigen oder gar zum Abstützen der Maschine benutzen muß. Nur zum Schalten muß er den Fuß belasten. Zum Glück rutschen die Gänge bei dem zierlichen Zweizylinder fast von selbst rein. Es ist ein Vabanquespiel, eine Gratwanderung an den Grenzen des Machbaren, doch wir haben keine andere Wahl. Wir nehmen Richard in die Mitte. Wenig später erreichen wir I-n-Abangharit: eine Tiertränke und ein paar Hütten. Dürre Rinder mit schlaffen Fetthöckern drängen sich um das schlammige Wasserloch. Die Piste ist von Hufspuren bis zur Unkenntlichkeit zertrampelt. Nomadenkinder hängen sich an unsere Maschinen, bringen Richard um Haaresbreite zu Fall.

Bei Sonnenuntergang sind wir in Teguidda-n-Tessoum, 213 Kilometer südlich von Assamaka. Das erste schwarzafrikanische Dorf: malerisch, fröhlich, bunt. Die Versorgungsmöglichkeiten erschöpfen sich in einem kleinen Krämerladen voller Fischkonserven. Vor Agadez ist also wirklich nicht mit ärztlicher Versorgung zu rechnen. Etwas außerhalb des Ortes lagern wir für die Nacht. Vielleicht geht es Richard morgen gut genug, um die restlichen 180 Kilometer bis Agadez zu schaffen.

Von Teguidda-n-Tessoum nach Agadez: mit letzter Kraft

Früh am Morgen brechen wir nach einem Sardinenfrühstück auf. Richard wird von argen Schmerzen geplagt. Im Schrittempo kriechen wir über die bucklige Piste. Die windgepeitschte, trostlose Saheleinöde, der alles durchdringende Staub des ausgedörrten Bodens schlägt uns langsam aufs Gemüt.

Beim obligatorischen Pausen-Check bemerke ich mit Schrekken, daß das Heck der SR mit einer schmierigen Schicht aus Öl und Staub überzogen ist. Sollte das eingedrückte Motorgehäuse nun doch undicht sein? Doch es sind die hinteren Stoßdämpfer. Sie pumpen das Dämpfungsöl bei jedem Einfedern aus sich heraus. Auch an der Telegabel rinnt schmieriger „Kakao" herunter. Die Federung der Yamaha scheint nun endgültig fertig zu sein.

Zu allem Unglück zertrete ich auch noch meine Sonnenbrille. Nach wenigen Kilometern bin ich halb blind. Meine Augen sind blutunterlaufen und zugeschwollen. Das Helmvisier ist schon seit langem so durchsichtig wie ein Wasserfall. Ich muß es offenlassen. Elisabeth gibt mir ihre Brille, nimmt in Kauf, daß sie hinter dem geschlossenen Visier ihres Helms nun nahezu blind ist. Mit jedem Kilometer wird unsere Stimmung apathischer und depressiver. Jeder denkt wohl nur noch eines: In Agadez ist dieser Höllentrip zu Ende. Auch der Anblick des ersten Baobab, eines jener riesigen, skurrilen Affenbrotbäume, kann uns kaum aus unserer lethargischen Erschöpfung reißen. Im Schatten seiner gewaltigen Äste sitzen wir wortlos beim obligatorischen Sardinen-Brot-Mittagessen.

Nach Durchquerung einer riesigen, völlig unbewachsenen Fläche aus netzartig aufgebrochenem Lehmboden stoßen wir am Nachmittag auf die breite und ausgefahrene Wellblechpiste von Ingal nach Agadez. Sechzig Kilometer sind es von hier bis zur „Stadt unserer Träume".

Vermeintlicher Gewitterdonner läßt uns den Himmel nach Regenwolken absuchen. Doch über uns ist nur eintöniges, vom Staub getrübtes Graublau. Das Donnern wird lauter, kommt näher: Ein LKW rumpelt mit hoher Geschwindigkeit über die Piste, erzeugt mit seiner schlagenden Ladung aus leeren Fässern dieses Geräusch. Als er an uns vorbeirast, wir in seiner riesigen Staubfahne um Atem ringen, wird mir klar, daß unsere Saharadurchquerung nun beendet ist. Physisch und psychisch ausgelaugt, holpern wir auf einer steinigen Katastrophenpiste gen Agadez. Alle zehn Minuten werden wir von einem Laster eingenebelt.

Schließlich taucht die Stadt auf, größer als Tamanrasset, afrikanischer, fremdartiger. Am Marktplatz halten wir an. Um uns herum ein wahres Kaleidoskop schwarzafrikanischer und arabischer Trachten, exotisch aussehender Menschen: verschleierte Tuareg, Schwarze mit riesigen „Chinesenhüten", lebhaft schäkernde Frauen in bunten Gewändern, Kamele, Ziegen, Schafe. Unsere physische und psychische Erschöpfung läßt uns mitten im Marktgetümmel von Agadez völlig danebenstehen. Ich fühle mich wie im Kino, versuche krampfhaft einem wunderschönen Film zu folgen, bin aber einfach zu müde dazu.

Es ist aber kein Film, sondern Realität: Dutzende von Kindern umringen uns, zerren an uns und den Maschinen herum, stellen tausend Fragen gleichzeitig, wollen mitfahren, uns den Weg zum Campingplatz zeigen.

Sieben Kilometer außerhalb der Stadt ist er. Richards Bein schmerzt unerträglich. Sollen wir nicht lieber gleich nach einem

Arzt suchen? Doch er will zuerst zum Campingplatz, raus aus dem Stadtgewühl.

So kommt es, wie es kommen mußte, wenigstens auf dieser Reise, wo uns nichts erspart geblieben ist: Nach dreihundert Pistenkilometern seit dem Unfall stürzt Richard in Sichtweite des Campingplatzes in einer sandigen Spurrinne noch einmal.

Wir bemerken es nicht, tuckern schon in das Campement hinein. Buster und Roggo kommen uns entgegen, sind seit gestern nachmittag schon hier. Sie haben die Strecke über Arlit gewählt, berichten von einer grausigen Piste aus Weichsand und endlosen Spurrinnen. Beide Motorräder sind aufgrund zahlloser Stürze in üblem Zustand. Roggo hat zudem noch schweren Durchfall.

Plötzlich kommt Richard, von Eckart gestützt, in das Camp gehumpelt, schleppt sich zum nächsten Stuhl und verfällt in bewußtlosigkeitsähnliche Apathie. Nicht nur er, auch Eckart ist am Ende, körperlich und mit den Nerven. Seine verständliche, aber sinnlose Suche nach einem Schuldigen für das ganze „Elend" führt beinahe zu einem großen Streit. Als Buster und Roggo gestern hier eintrafen, muß es ihnen ähnlich ergangen sein.

Wir bauen die Zelte auf, verarzten unseren Verletzten so gut es geht. Die Schwellung von Knöchel und Wade hat erschreckende Ausmaße angenommen. Ich schlage vor, ein Auto zu organisieren und ins Krankenhaus von Agadez zu fahren. Doch Richard will erst morgen zu einem Arzt, ist einfach zu fertig. Wir lassen ihn schlafen.

Man könnte nun eigentlich meinen, daß für heute der Streß ein Ende hat. Doch dem ist nicht so. Zwei Stunden sind wir gerade hier, da staubt ein Polizei-Landrover ins Gelände, hält geradewegs auf unsere Zelte und Motorräder zu, als wolle er uns niederfahren. Zwei bewaffnete Schwarze in Uniform springen aus dem Wagen, verlangen in scharfem Ton unsere Pässe und befehlen: *„Vous venez avec nous, tout de suite! – Sie kommen sofort mit!"*

Die Strapazen unseres Transsahara-Desasters stehen in Eckarts Gesicht geschrieben

Es stellt sich heraus, daß man sich in Agadez sofort nach Ankunft auf der Polizei melden muß. Wir sind in der Stadt natürlich aufgefallen wie die bunten Hunde, wurden wohl verpfiffen. Nach meiner Erklärung werden Richard und Elisabeth wenigstens im Landrover mitgenommen. Eckart und ich müssen bei Dunkelheit in der Staubwolke des Landrovers hinterherfahren. Wir schaffen es kaum. Die beiden Polizisten brechen wie Rallye-Fahrer über die versandete und holprige Piste.

Eine Stunde dauert die Prozedur im Polizei- „Präsidium", einem Lehmhaus mit vergittertem, aber nicht überdachtem Innenhof. Drinnen hausen mindestens fünfzig Gefangene, draußen stehen doppelt so viele Besucher an den Gitterstäben, versorgen ihre eingelochten Verwandten mit Essen und Trinken. Verpflegung scheint in den nigerischen „Staatshotels" nicht inklusive zu sein.

Wir lernen bei der Warterei einen Franzosen kennen. Er lebt hier, fährt Richard nach Rückerhalt der Pässe in seinem Wagen zum Krankenhaus. Nach reichlich rabiatem Abtasten des Beines gibt der Arzt mit uninteressiertem Gesichtsausdruck eine deprimierende Diagnose kund: Bruch des Knöchels und Wadenbeins. Geröntgt wird allerdings erst morgen.

Richard muß hierbleiben, bekommt ein Bett in einer Art Schlafsaal. Ähnlich wie im Knast von Agadez liegen und sitzen doppelt bis dreimal soviel Besucher auf dem Boden herum, wie Kranke in den Betten sind. Es geht zu wie auf einem Jahrmarkt. Auf kleinen Holzkohleöfen wird gebrutzelt und gekocht. Offensichtlich scheint ein Großteil der Besucher auf dem Boden zu übernachten. Falls Richard länger hierbleiben muß, sollten wir vielleicht auch umziehen.

Am nächsten Vormittag sind wir wieder im Krankenhaus. Als wir Richards eingegipstes Bein sehen, ist alle Hoffnung aufgegeben. Seine Reise ist nun wohl zu Ende. Ein anderer Arzt begrüßt uns freundlich, tut, als ob uns etwas Glückliches widerfahren wäre. Es ist. Der „Arzt" von gestern war nur Krankenpfleger, seine Diagnose falsch. Die Röntgenaufnahme hat ergeben, daß „nur" der Knöchel gebrochen ist, und das nicht einmal ganz durch. Der Doktor meint sogar, zwei Wochen Ruhe in Agadez seien besser als ein Heimflug. Alle sind wir zutiefst erleichtert, haben nach der stressigen Saharadurchquerung sowieso noch keine Lust zum Weiterfahren. Bis Motorräder und Gepäckträger wieder in Ordnung sind, vergeht ohnehin mindestens eine Woche.

Noch einen Tag verbringt Richard im Krankenhaus, dann hat er von dem Trubel genug, zieht Isoliermatte und Zelt einem Bett dort vor. Der Campingplatz ist zum Glück ein angenehmer Ort, sauber, schattig, ruhig, mit Swimmingpool und gutem Restaurant. Ein Dutzend Fahrzeuge aus aller Herren Ländern bevölkern die Anlage. Eine geradezu familiäre Atmosphäre herrscht unter den Wüstenfahrern. Die Anonymität, die noch in Tam zu spüren war, ist südlich der Sahara wie weggeblasen.

Am Nachmittag hole ich unser Topcase im Hotel *Sahara* ab. Die LKW-Fahrer sind schon längst weitergefahren. Hinter dem Hotel entdecke ich eine Art Werkstatt. Dort werde ich in den nächsten Tagen Gepäckträger, Lampen- und Stoßdämpferhalter schweißen.

Eine Woche später sind körperliche Kondition, seelische Verfassung und Motorräder wieder ganz gut hergestellt. Richard humpelt wie ein Weltmeister mit Gipsfuß durch die Gegend. Buster und Roggo haben uns vor drei Tagen verlassen.

Drei Memminger in einem alten Hanomag eröffnen uns die Möglichkeit, schon jetzt von Agadez aufbrechen zu können. Einer von ihnen ist Moto-Cross-Fahrer, bietet Richard für die letzten 450 Kilometer Piste nach Zinder seinen Platz im Auto an, ist gierig drauf, Motorrad zu fahren. Natürlich sagen wir mit Freuden zu, denn allmählich wird uns die Zeit in Agadez lang. Außer Warten gibt es nicht mehr viel zu tun.

Am 19. Dezember 1978, genau fünf Wochen nach unserer Ankunft in Tunis, brechen wir zur Weiterfahrt auf. Wir freuen uns auf Schwarzafrika, sind heilfroh, die Saharadurchquerung hinter uns zu haben. Ich ahne noch nicht im geringsten, daß mich gerade die Wüste immer wieder nach Afrika ziehen wird, daß ich sie noch so oft und so intensiv erleben werde, vor allen Dingen auf eine ganz andere Art.

TRANSSAHARA 84

Prolog

Herbst 1984. Seit dem Sahara-Horrortrip von 1978 hat sich einiges getan, nicht nur beruflich und privat, sondern auch, was meine Begeisterung für das Reisen, insbesondere das Motorradreisen, betrifft. Während der fünfeinhalb Jahre hat sie einen anderen Charakter bekommen. Mehr und mehr ist aus bloßer Abenteuerlust und Alltagsflucht ein nicht mehr wegzudenkender Bestandteil meines Lebens geworden. Die Grenze zwischen Hobby und Beruf beginnt sich zu verwischen. Was ich vor vielen Jahren nur für mich allein getan habe – Schreiben und Fotografieren – wird langsam, aber sicher zu meinem Broterwerb.

Neben vielen anderen Ländern hat es mich in diesen fünfeinhalb Jahren auch dreimal per Motorrad in die Sahara gezogen. Dieselbe Wüste, die uns damals so viel Kraft und Nerven gekostet hatte, zeigte sich vom Sattel eines geländegängigen Motorrades und mit vernünftiger Ausrüstung in ganz anderem Licht. Technische und fahrerische Probleme, das beherrschende Erlebnis der ersten Saharadurchquerung, traten von Reise zu Reise mehr in den Hintergrund. Schönheit und Vielfalt der Landschaft, die Menschen, Flora und Fauna der Wüste, nicht zuletzt die Faszination des „Enduroreisens" schlugen mich in Bann.

1983 unternahmen wir den ersten Schritt zu einer anderen, besonders reizvollen Art des Motorradreisens in der Sahara. Im Gegensatz zu vorher verließen wir diesmal den Bereich der ausgetretenen Wüstenpfade, der Pisten, und das nicht aus Versehen, sondern vorsätzlich, wagten uns zum ersten Mal auf eine lange Querfeldeinstrecke. Das „freie Fahren", bisher nur ausgefuchsten Saharafreaks in Geländeautos vorbehalten, erwies sich auch per Motorrad als durchaus machbar. Diese Reise wurde zur Einstiegsdroge. Das Erlebnis von „Sahara pur", abseits von Straßen, Pisten und Touristen ließ mich nicht mehr los.

Von November 1984 bis April 1985 unternahm ich mit meiner Freundin Susanne und unserem Freund Christophe eine weitere lange Afrikareise. Das erste Drittel dieser Fahrt, die Saharadurchquerung, ist Inhalt des folgenden Berichts.

Von Hassi bel Gebbour zum Erg Amguid: Spritprobleme

„C'est où, Hassi bel Gebbour?" Wohl jeder, der zum erstenmal hierher kommt, stellt diese Frage, so auch die beiden Paare, die gerade ihre Wohnmobile Marke „Captain Cook" auftanken lassen. Der Tankwart kann es offensichtlich nicht mehr hören. *„Ici"*, murmelt er lakonisch und leicht genervt in seinen Fünf-Tage-Bart.

Es gibt nur wenige Orte in Algerien, in denen der Gegensatz zwischen erwarteter und wirklicher Größe so gewaltig ist. Hassi bel Gebbour besteht tatsächlich nur aus einer Tankstelle und drei Hütten, reichlich wenig für einen derart wichtigen Verkehrsknoten und einzigen Versorgungspunkt für Sprit, Verpflegung und Wasser in 350 Kilometer Umkreis. Letzteres ist allerdings eher für die große Wäsche als den großen Durst geeignet. Das heiße, artesische Wasser der zwei Kilometer entfernten Quelle ist reichlich verschwefelt. Auch mit der Verpflegung darf man nicht zu anspruchsvoll sein. Immerhin gibt es in der ersten Hütte rechts, dem *Truckstop* und *Café*, zur Mittagszeit ein gar nicht übles Gemüse-Couscous, „Nationalgericht" auf Hirsebasis für den gesamten nördlichen Sahararaum. Als mit nur bescheidenen Essensvorräten ausgestatteter Motorradfahrer freut man sich auch über das reiche Angebot des „Supermarktes": Immerhin jede Menge Kekse, Fisch- und Tomatenkonserven, würzige Zigaretten der Marken „Afras" und „Hoggar".

Die „Motorhome-Kapitäne" scheinen weniger begeistert von der Qualität des Gebotenen. Nach einem kurzen Blick in die Kneipe ergreifen sie die Flucht, ziehen sich in ihre rollenden Wochenendhäuschen zurück. Spätestens in Djanet, falls sie je dorthin kommen, dürfte von deren Einrichtung nicht mehr viel übrig sein. Wahrscheinlich macht schon die Holperpiste über die Mondlandschaft des Fadnoun-Plateaus Kleinholz daraus. 500 Kilometer Schonzeit haben sie noch bis zum Ende der Teerstraße.

Für uns ist schon in Hassi bel Gebbour Schluß mit der Asphalt-Monotonie. Tausend Kilometer mehr oder weniger einsamer Pisten und Querfeldeinstrecken warten auf uns, ehe es in Tamanrasset „Weihnachtsbraten" gibt. Tausend Kilometer ohne Benzinversorgung, über sechshundert ohne Wasser. Knapp sechzig Liter Sprit transportiert jedes Motorrad. Zwanzig Liter Wasser kommen noch dazu. Allerdings erst in Bordj Omar Driss, siebzig Kilometer südlich von hier. Rund eine Woche muß unser Wasser reichen, denn wie schon das letztemal wollen wir Amguid umfahren, darauf verzichten, als Gegenleistung für ein paar Liter Wasser Abwechslung in das langweilige Dasein der Militärs zu bringen. Und das würden wir als Motorradfahrer ohne Fahrgenehmigung zweifellos. Vor einigen Tagen haben wir uns auf der Wilaya, der Regionalverwaltung von Quargla, um das für die Route nach Amguid erforderliche „Permit" bemüht, haben erfahren, daß diese Piste für Motorradfahrer ohne Autobegleitung generell verboten ist, zumindest offiziell.

Ein Starfoto (von links): Chris, Wolfi, ich, Mike – und im Vordergrund natürlich Susanne

Ungefähr ein Dutzend Zuschauer, die gesamte Bevölkerung von Hassi bel Gebbour samt Café-Gästen, sieht mit Interesse zu, wie wir uns in das tiefsandige Spurengewühl des ersten Pistenkilometers stürzen. Trotz Publikumsstreß bringen wir den tückischen Beginn der Strecke ohne Wühlerei oder Sturz hinter uns.

Wir, das sind übrigens außer Susanne, Christophe und mir auch noch die beiden Münchner Mike und Wolfi. Auf ihren XT 500 sind sie auf dem langen Weg nach Kapstadt. Vor knapp zwei Wochen haben wir sie auf dem Schiff von Genua nach Tunis getroffen, sind zusammen in den äußersten Süden Tunesiens gefahren. Trotz offizieller Fahrgenehmigung vom Gouverneur in Foum Tataouine wurde nichts aus der Ausreise über die tunesische Südspitze. Die Grenze Bordj el Khadra/Deb Deb ist dicht.

In einem Anfall von Optimismus versuchten wir unser Glück bei den Libyern. Die waren erstaunlicherweise gar nicht so abweisend wie erwartet. Erst nach längerer, interner Diskussion verweigerten uns die libyschen Beamten das erhoffte Transitvisum für die Fahrt von Dehibat nach Ghadames. Mit einer arabischen Übersetzung unserer Pässe hätte es geklappt. Unseren Tunesienaufenthalt beendeten wir schließlich mit einem „Bade-urlaub" in den Dünen des Grand Erg Oriental, an den heißen Quellen der winzigen Oase Ksar Ghilane.

Auf solch angenehme Art beginnt auch die erste lange Offroad-Etappe dieser Reise. Nach den ersten beiden Pistenkilometern taucht rechter Hand ein Schilfdickicht auf. Aus einem Rohr schießt ein armdicker Wasserstrahl, hat einen kleinen See gebildet. Gut 30 Grad warm ist das leicht schweflig riechende Naß. Ausgiebigst „duschen" wir zum letzten Mal für mindestens eine Woche, waschen uns den Staub und Sand unserer gestrigen Dünenexkursionen herunter. Einen ganzen Tag waren wir mit unbeladenen Maschinen in den Sandbergen am Ostrand des viele Kilometer breiten Gassi Touil herumgetobt, hatten uns gut 40 Kilometer tief bis in das übernächste, parallel zum „Touil" verlaufende Tal gewagt.

Wenige Kilometer hinter der Quelle sind wir alle wieder eingestaubt. Die 60 Kilometer zur Wegkreuzung von *Quatre Chemins* sind ausgelutscht bis zum Gehtnichtmehr: Wellblech und Fesch-Fesch, trostlose, öde Baustellenlandschaft. Erst kurz, nachdem wir die Hauptpiste nach Amguid verlassen haben, in die Sackgasse nach Bordj Omar Driss eingebogen sind, wird die

Gegend interessanter. In Serpentinen windet sich die Piste den Abbruchrand hinunter. Die senkrechten Wände sind der Traum jedes Geologen, eine faszinierende mineralogische „Schichttorte". Hinter einigen Tafelbergen und Säulen zeichnen sich am Horizont die roten Dünen des riesigen Erg Issaouane ab, ein grandioses Panorama.

Die grüne Silhouette von Bordj Omar Driss ist winzig klein am Fuß des Ergs zu erkennen. Wir werden dort nach Westen abzweigen, unterhalb des Abbruchs zwischen Erg und „Schichttorte" querbeet zur Amguidpiste abkürzen. In der Daira, der Bürgermeisterei des früheren Fort Flatters, dürfen wir im Gemüsegarten Wasser bunkern, decken uns in der Bäckerei der idyllischen Oase mit zwei Dutzend frisch gebackener Baguettes ein.

Im Licht der tiefstehenden Nachmittagssonne geht es weiter nach Westen, durch eine Gegend, die so bizarr, ja fast schon unwirklich ist, daß wir uns wie auf einem anderen Planeten fühlen. Über eine tischebene Fläche aus steinhartem Schlick erreichen wir eine Zone eigenartiger, mehrere Meter hoher „Maulwurfshügel". Aus der Nähe entpuppen sich die Buckel als Wurzelstöcke längst vermoderter Riesenbäume. Die Landschaft wirkt auf uns wie der Grund eines urzeitlichen Meeres. Muschelfossilien in der Abbruchschichtung bestätigen diese Vermutung.

Vorbei an den Grundmauern eines verlassenen Forts, nähern wir uns mehr und mehr dem Punkt, wo die erste große Düne wie eine versteinerte Riesenwelle an die Steilwand „brandet". Mit Schwung nehmen wir den langgezogenen Hügel aus rötlichem Sand in Angriff, werden von betonharten Windrippeln durchgeschüttelt wie auf grobem Wellblech. Der Dünenkamm ist breit und abgerundet wie der Rücken eines riesigen Sauriers, ein idealer Übernachtungsplatz. Bis Einbruch der Dunkelheit klettern wir in den Sandverwehungen am Fuß des bröckeligen Abbruchs herum. Viele der Schichten bestehen aus weichem Kalkgestein, mal grau, mal weiß, oft sogar durchsichtig. Das Sandstrahlgebläse des Erg Issaouane hat aus dem weichen Material unglaubliche „Kunstwerke" geschaffen, von denen manche einfach zu schön sind, um sie nicht mitzunehmen.

Von unserem Lagerplatz zur Amguidpiste sind es nicht einmal zwei Dutzend Kilometer, doch die sorgen für einen kurzweiligen Vormittag. Die erste zirkusreife Einlage liefert Christophe. Er fährt vor uns, wegen des butterweichen Untergrundes wie wir alle mit rund sechzig Sachen. Große Konzentration ist bei diesem Tempo angesagt, denn an starken Bodenwellen herrscht kein Mangel. Schon einige dieser tückischen „Katapultbuckel" haben wir hinter uns. Zwanzig Stundenkilometer sind das höchste der Gefühle, will man sich weder Federung noch Kreuz zerschlagen. Weit vor uns taucht die nächste Wellenserie auf. Die noch recht tief im Osten stehende Sonne macht sie durch leichte Schattenbildung gut erkennbar. Offensichtlich nicht für Chris, er bremst noch immer nicht. Das geht nicht gut!

Zu spät! Mit viel zu hohem Tempo donnert er in die erste Senke. Schon nach der zweiten ist die monströs beladene XT mit beiden Rädern in der Luft, landet noch einmal hart, um danach fast quer zur Fahrtrichtung in die Luft zu schießen. Was nun kommt, läßt bei mir einen über fünf Jahre alten Film ablaufen. Der „Kamikaze-Trip" der 78er Saharareise wird plötzlich wieder lebendig.

Noch dreimal schlägt die XT auf, versetzt unglaublich mit dem Hinterrad nach rechts, nach links und wieder nach rechts. Es ist, als ob sie um das eigene Vorderrad pendelte wie ein Glockenschwengel. Schließlich steht die Fuhre. Chris steigt ab, legt das Motorrad auf den Koffer, hockt sich mit kaltem Angstschweiß auf der Stirn in den Sand.

Susanne und ich fahren jetzt voraus. Bisher waren wir hintendran geblieben, um unsere Geschwindigkeit den Fünfhunderter-

Yamahas der anderen anzupassen. In Weichsandstellen, wo meine „Tenere" sich noch nicht spürbar quälen muß, haben die leistungsmäßig deutlich schwächeren XTs oft schon recht hart zu kämpfen.

Schon einige der „Dinosaurier"-Dünen haben wir seit unserem Lagerplatz in flotter Fahrt überrollt. Sanft ging es jedesmal hinauf, genauso wieder hinunter. Inzwischen sind wir dicht am Erg Issaouane. Der Abbruch von Tinrhert liegt weit entfernt zu unserer Rechten. Erneut taucht eine lange Düne auf, zieht sich kilometerweit in die Ebene hinaus. Wie auf Wolken gleiten wir hinauf, schweben ohne Gefühl für Geschwindigkeit und Entfernung über den Sand. Urplötzlich sehe ich sie: eine messerscharfe Kante dicht vor uns!

Ich bremse, was das Zeug hält. Das Vorderrad taucht tief in den Sand. Susanne knallt mir wie ein Stein ins Kreuz. Einen halben Meter vor dem Dünengrat kommen wir zum Stehen. Auf der anderen Seite geht es gut zwanzig Höhenmeter nahezu senkrecht hinunter.

Die anderen erreichen eben den Dünenfuß, schießen mit reichlich Speed auf uns zu. Hoffentlich denken sie nicht, wir halten hier oben zum Fotografieren, stürzen womöglich an uns vorbei in den Abgrund. Wie ein Verrückter winke ich mit beiden Händen zum Boden, gebe Zeichen zum Langsamfahren.

Die Düne blockiert den Weg, soweit das Auge reicht. Es bleibt uns nichts anderes übrig, als uns nach vorne „abzuseilen". Mit jeweils drei Mann Hilfestellung wuchten wir die Maschinen über die Kante.

Die Ebene jenseits des Erg Issaouane ist schon zu sehen. Ich halte Ausschau nach den Blechhütten, Fässern und Stangen der Pistenmarkierung. Doch wir haben noch nicht ausgekämpft. Ein riesiges Feld überdimensionaler Windrippel trennt uns noch von der

Ebene. Über eine Buckelpiste aus mörderischem Naturwellblech, härter und gröber als das schlimmste Pistenwellblech, hoppeln wir im ersten Gang nach Westen. Unsere Maschinen springen wie Mustangs beim Rodeo. Wenige Kilometer werden zu einer material- und kräfteverschleißenden Ewigkeit. Mike legt sich kräftig auf die Nase. Knie und Fahrmoral sind hinterher leicht angeschlagen.

Schließlich haben wir die Sandfallen-Zone des Erg Issaouane endgültig verlassen, halten auf zwei schwarze Punkte am Horizont zu: Fässer. Zwischen ihnen verläuft eine deutliche Wellblechpiste in Richtung Südwesten. Das müßte eigentlich die Strecke nach Amguid sein. Um nicht versehentlich auf die Piste zum Gara Khanfoussa zu geraten, bestimme ich vorsichtshalber unsere Position. Mit dem Kompaß peile ich zwei Objekte der Umgebung an: einen Tafelberg nördlich, die Spitze des letzten großen Issaouane-Fingers östlich von uns. Beide sind auf der 200 000er-IGN-Karte gut zu identifizieren. Entsprechend den Gradzahlen trage ich zwei Linien in die zuvor per Kompaß eingenordete Karte ein. Wir sind richtig, haben jedoch mehr abgekürzt als letztes Jahr. Damals waren wir dichter am Abbruch entlanggefahren, von den tückischen Windrippeln verschont geblieben.

Keine halbe Stunde sind wir auf der Piste, als uns ein Auto entgegenkommt, ein deutscher Toyota. Ganz allein auf solch einer Strecke? Der Gießener Fahrer scheint sie jedoch aus dem Effeff zu kennen, hat zudem eine wichtige Information für uns: Der Brunnen im Erg Telachimt ist ausgetrocknet. Unsere restlichen rund siebzig Liter *müssen* also bis zur Bergoase Mertoutek genügen. Das tun sie auch problemlos. Bei einem gemütlichen Tagesschnitt von 150 Kilometern sollten wir höchstens vier Tage benötigen, haben pro Tag und Nase also 3,5 Liter zur Verfügung, um diese Jahreszeit mehr als genug.

Was unsere Benzinvorräte betrifft, können wir das am späten Vormittag des nächsten Tages schon nicht mehr sagen. Als Mike von letzter Position nach vorne wechselt, bemerke ich, daß er eine deutliche Tropfenspur hinter sich herzieht. Bei Tempo 50 auf einer staubigen Piste heißt das, es muß ein richtiger Strahl aus einem der Kanister laufen. Leider ist es der Tank! Der Aluminiumbehälter ist an einer Halterung eingerissen und schon so gut wie leer. Wir kleistern den Riß mit Zweikomponentenkleber dicht und legen den Tank in die pralle Mittagssonne. So sollten zwei Stunden genügen, um den Kleber aushärten zu lassen. Pech ist, daß Mike wahrscheinlich gut zehn Liter wertvolles Benzin verloren hat, Glück, daß es nicht auf den heißen Auspuffkrümmer getropft ist!

Am späten Nachmittag, rund 300 Kilometer nach Hassi bel Gebbour, wird die monotone Ebene des nördlichen Qued Igharghar durch eine lange Kette größerer Bäume aufgelockert. In den schwarzen Bergketten vor uns am Horizont zeichnet sich ein enger Einschnitt ab, der Engpaß von Tin Telremt. Hinter dem nur wenige hundert Meter breiten „Nadelöhr" liegt der von der Fläche her kleine, von der Höhe seiner Dünen aber gewaltige Erg Amguid. Morgen werden wir ihn auf seiner Westseite passieren, die östlich gelegene Kaserne von Amguid sozusagen links liegen lassen. In der Nähe einer großen Akazie lassen wir uns für die Nacht nieder, bekommen kurz vor Sonnenuntergang noch unerwarteten Besuch: Zwei einheimische Trucker leisten uns ein wenig Gesellschaft, kochen Tee, bevor sie sich wieder auf den Weg machen. Sie fahren die Nacht über durch, wollen morgen über In Ecker bis Tamanrasset kommen.

Vom Erg Amguid zum Garet el Djenoun: Dünenriesen und Geisterberg

Die Wellblechpiste durch den Engpaß ist ein Waschbrett der besonders rauhen Sorte. Weicht man ihm aus, heißt es, in tiefen Sand-Spurrinnen das Gleichgewicht zu bewahren. Das geht jedoch nur mit mindestens 40 Stundenkilometern, nicht gerade langsam für den kurvenreichen Verlauf. Wieder einmal bewährt sich dabei die Rütteltechnik, das Zentrieren des Vorderrades in der Mitte der Spurrinne durch mehrere kleine und schnelle Lenkbewegungen in beide Richtungen.

Vor drei Jahren hatte mir ein amerikanischer Cross-Profi den Trick verraten. Susanne und ich waren damals mit unserer Honda XL 500 S auf einem Sechs-Monate-Trip zwischen Alaska und Mexiko. An einem einsamen Strand der Baja California platzten wir in das Trainingscamp eines Moto-Cross-Clubs aus Los Angeles. Die Burschen bereiteten sich an Ort und Stelle für die bevorstehende „Baja 1000" vor, die amerikanische Ausgabe von „Paris–Dakar". Nach einem kleinen Strandrennen bot man mir an, auf einer Yamaha YZ 250 eine Übungsetappe mitzufahren. Natürlich sagte ich begeistert zu, ahnte ja nicht, was auf mich zukam: 400 Kilometer Tiefsand-Slalom durch Kaktuswälder, Felsenlabyrinthe und schluchtartige Canyons. Fast auf der ganzen Strecke gab es wegen des von Gestein und Kakteen „verbauten" Geländes der Baja-Wüste keine andere Möglichkeit, als in tiefen Spurrinnen zu fahren. Einzig und allein die besagte Rütteltechnik verhinderte bei der schnellen Fahrt in diesem schwierigen Gelände, daß wir am laufenden Band die Spur verließen, mit einem Felsen oder, noch schlimmer, einem Kaktus kollidierten.

Die Riesendünen des 40 Kilometer langen Erg Amguid tauchen vor uns auf. Wir verlassen die Wellblechpiste nach Südwesten, wollen das Dünengebirge zwischen uns und die im Osten des Ergs gelegene Kaserne schieben. Leider tun wir das zu früh, geraten in ein Gelände, auf dem wir uns wie Spielzeugmotorradfahrer auf einer realgroßen Wellblechpiste vorkommen: Der Engpaß von Tin Telremt ist ein Windkanal, die Ebene bis hin zum Erg ein kilometerlanges Barchanenfeld. Diese nur einen halben Meter hohen und sehr steilen Sicheldünen sind die nächstgrößere Stufe der Windrippel, die uns vorgestern am Erg Issaouane schon so zu schaffen gemacht haben. Gegen das hier waren sie noch ein Vergnügen! Parallel zu den Barchanen fahren wir zurück zur Piste und biegen dann erst zwei Kilometer weiter nach Westen ab.

Kaum haben wir die Nordspitze des Ergs umfahren, treffen wir auf mehrere breite Spurenbündel nach Süden. Wir queren sie in spitzem Winkel, fahren immer weiter weg vom Erg auf eine schon lange sichtbare hellgelbe Fläche zu. Es ist harter Sand, so glatt und eben wie ein gefrorener See. Kein Stein, keine Pflanze, keine Spur bringen Abwechslung in die völlig unberührte Fläche. Ich will es wissen, beschleunige die Tenere auf höchstmögliche Geschwindigkeit. Über 140 km/h erreichen wir, nicht viel weniger als auf Asphalt. Das Tempo ist nur durch den Blick auf den Tachometer realisierbar. Kein schmales Teerband, keine Erhebung, kein Gegenstand auf der ebenen Fläche zeigt dem Auge, wie schnell der Boden unter den Rädern davonrast. Nur eine dunkle Bergkette im Westen und der Erg im Osten bewegen sich langsam an uns vorbei. Kilometer um Kilometer fliegen wir so dahin. Mit höchster Konzentration beobachte ich das Gelände vor uns. Jede Bodenwelle, jeder größere Stein würden bei diesem Tempo eine Katastrophe bedeuten. Susanne trommelt mir auf die Schulter, ruft: „Aaaanhalten!" Ach so, da waren ja noch Christophe, Mike und Wolfi. Erst nach einigen Minuten tauchen ihre Staubwolken am Horizont auf. Wir waren wohl doch etwas schnell. Aber auch sie sind vom Temporausch befallen, haben mit den Fünfhundertern auch weit über 100 km/h erreicht.

Das Gelände wird nun welliger. Wir beschließen, uns den Erg aus der Nähe anzusehen, genau gesagt, eine seiner höchsten Dünen. Wie eine riesige Wand ragt sie aus der Ebene. Ein Blick auf die Karte schafft Klarheit: Die Ebene, auf der wir uns befinden, liegt auf rund 600 Meter über Meereshöhe, die höchsten Sandgipfel erreichen 900 Meter über Null. Der Gigant vor uns gehört dazu.

Wir fahren auf ihn zu. Aus den geschätzten zwei Kilometern werden fünf. Nur an der Farbe des Sandes – sie wechselt von einem gesprenkelten Gelbbraun auf ein gleichförmiges helles Rot – merken wir, daß der Fuß der Düne erreicht ist, so sanft steigt sie an. Einen halben Kilometer weiter liegt die Ebene schon überraschend weit unter uns. Es wird allmählich steiler. Weit über uns sind in der riesigen Wand aus Sand Autospuren erkennbar. Etwa ein Viertel des Dünenhanges führen sie hinauf, kehren dann auf demselben Weg oder in großem Bogen nach unten zurück. Hier hat sich jemand ausgetobt. Dort oben scheint es jedenfalls unüberwindbar steil zu sein. Im Bereich des Gipfels sieht es von hier wie senkrecht aus. Alle vier haben wir nur noch einen Gedanken: auszuprobieren, wie hoch wir mit unseren Maschinen kommen. Gesagt, getan. Ein Teil des Gepäcks und Susanne mit der Kamera bleiben an Ort und Stelle. Wir fahren wieder runter in die Ebene, beginnen weit draußen mit dem Anlauf.

Ich fahre als erster los. Noch vor dem Fuß der Düne dreht der fünfte Gang nahezu aus. Fast 150 km/h stehen auf der Uhr. Kurz nach der Stelle, wo Susanne steht, muß ich vom fünften in den vierten. Es wird deutlich steiler. Die Dimension der Dünenwand nimmt unerwartete Ausmaße an, die Steigung wird langsam, aber sicher beängstigend. Als der immer weicher werdende Sand bereits dem zweiten Gang das Leben schwermacht, fahre ich einen Linksbogen, halte quer zum Hang an. Beim Blick hinunter wird mir beinahe schlecht. Christophe, Mike und Wolfi sind nur noch stecknadelkopfgroße Punkte. Auch Susanne entdecke ich erst nach einigem Suchen. Steil und lang wie eine Skiflugschanze geht es hinunter. Noch nie bin ich mit dem Motorrad so hoch auf eine Düne gefahren. Der Gedanke an die „Abfahrt" sorgt für erhöhten Puls. Nur zu gut weiß ich, daß es nur eine Möglichkeit gibt, von hier wieder heil runterzukommen: Vollgas! Nur so halte ich das Risiko eines einsinkenden Vorderrads und den unvermeidlich nachfolgenden Salto mortale gering.

Dünenfahren – ein Traum, wenn man weiß, wie's geht

Erst einmal heißt es jedoch, den abgestorbenen Motor antreten. Dummerweise bin ich einen Linksbogen gefahren. Der Kickstarter ist jedoch rechts. Ich muß mit dem hangwärtigen Standbein kicken, mit dem talwärtigen erreiche ich mit Müh und Not den weichen Boden. Hoffentlich kippt die Maschine beim Antreten nicht um! Es klappt beim ersten Mal.

Klack – erster Gang. Tief Luft holen und einkuppeln. Noch dreht das Hinterrad durch, schiebt den Vorderbau nur langsam talwärts. Dann kommt der „Kipp-Moment", Vollgas! Zwei Sekunden später dresche ich ohne Kupplung den zweiten rein, kurz danach den dritten. Blitzschnell dreht der Motor aus. Erst ab dem vierten Gang taucht die Gabel nicht mehr in den Sand. Als ich weit unten bei Susanne anhalte, schlägt mir das Herz bis zum Hals.

Christophe, Mike und Wolfi rasen nacheinander los. So faszinierend es aussieht, so unmöglich ist es zu fotografieren, zumindest ohne Hubschrauber: Mit dem Weitwinkel werden die drei zu kaum sichtbaren Ameisen, mit dem Tele bleiben die Dünendimensionen auf der Strecke. Wolfi erreicht denselben Punkt wie ich, auf rund Dreiviertel der Dünenhöhe. Auch er steht längere Zeit in der Wand, kämpft offenbar mit den gleichen Schwierigkeiten, ehe er ins Tal zurückrast. Die anderen drehen deutlich früher ab. Chris fährt riesige Bögen und Achter im unteren Teil des Sandgebirges. So schwer es uns fällt, verkneifen wir uns doch weitere Dünenexkursionen. Schließlich sind wir durch Mikes Tankriß nicht gerade überreichlich mit Benzin eingedeckt.

Einige Kilometer südlich des Ergs taucht endlich der schon lang erwartete Markierungsstein auf, ein gemauertes Dreieck von zwei Metern Kantenlänge. Von hier führen vier Pisten in vier verschiedene Himmelsrichtungen, nach Amguid und Hassi bel Gebbour im Norden, in Richtung Westen nach In Salah, in Richtung Südosten nach Djanet, in Richtung Südsüdwest nach In Ecker und

Tamanrasset. Nur vierzig Kilometer werden wir der extrem breiten Piste nach In Ecker folgen, uns danach querbeet exakt in Richtung Süden halten. 150 Kilometer sind es noch von hier zum „Garet el Djenoun", dem „Geisterberg" im Norden des menschenleeren Teffedest-Gebirges.

Die Weiterfahrt beginnt recht unerfreulich. In dem bodenlos verspurten Sand rund um den Wegweiser legen sich erst Wolfgang, dann Christophe auf die Nase, zum Glück ohne Folgen. Dennoch verlassen wir die aufgewühlte Piste früher als geplant, fahren in großem Abstand links davon. Das war ein Fehler. Noch einmal geraten wir in ein Barchanenfeld der übelsten Sorte. Mike „stellt es auf". Die Prellungen von vor zwei Tagen sind wieder aufgefrischt, der Lenker verbogen. Nicht viel weiter erwischt es Susanne und mich. Bei der Überquerung eines holprigen Geröllhügels bleibe ich mit einem der unter den Koffern angebrachten Benzinkanister an einem scharfkantigen Brocken hängen. Wie Butter schlitzt es den Behälter auf. Wieder sind zehn Liter Benzin im Sand versickert.

Nun wird es langsam, aber sicher knapp. Wir kalkulieren abends unsere Reserven. Bis nach Tamanrasset reicht der Sprit auf keinen Fall mehr. Wir werden versuchen, in Idelès an der Hauptpiste nach Djanet Benzin aufzutreiben. Vielleicht haben wir sogar Glück, und die seit Jahren in dem Ort existierende, aber nie eröffnete Tankstelle ist inzwischen in Betrieb.

Um neun Uhr brechen wir am nächsten Morgen auf. Noch ein gutes Dutzend reifenmordender Geröllhügelketten sind zu überwinden, dann beginnt die „Autobahn" des breiten Qued Igharghar. Zumindest eine mit gewaltigen Schlaglöchern, denn weiter als einige hundert Meter am Stück können wir die flotte Fahrt nicht genießen. Immer wieder zwingen uns die harten Kanten und Wellen unzähliger Wasserabflußrinnen zum Bremsen. Erst als

Unser Lagerplatz am Fuß des „Geisterbergs"

wir uns sowohl vom kleinen Erg Telachimt als auch den Bergen auf der rechten Seite in weitem Abstand halten, läßt sich das Durchschnittstempo steigern. Dennoch scheint die markante „U-Boot"-Silhouette des Garet el Djenoun kaum größer zu werden. Erst am frühen Nachmittag haben wir die düsteren Basalthügel seiner Vorberge erreicht. Während wir anhand der Karte einen Einstieg zum Fuß des gewaltigen Felsmassivs suchen, entdeckt Mike, daß seine XT am Hinterreifen Luft und am Vergaser Benzin verliert. Akazienstacheln und Sand sind die Ursachen dafür.

In einem saftiggrünen Neben-Qued des Igharghar schrecken wir ein ganzes Rudel Gazellen auf. Wie Gummibälle springen die

Aussicht vom Garet el Djenoun auf das Qued Igharghar

zierlichen Tiere davon, bleiben hin und wieder stehen und drehen sich zu uns um.

Das kleine Qued verengt sich mehr und mehr, endet an einem felsigen und steilen Einschnitt zwischen zwei Bergen. Wir trialen mit Begeisterung hindurch. An einer Stelle ist es so eng, daß wir unsere Koffer abbauen und hindurchtragen müssen. Auf der anderen Seite breitet sich ein weites Tal mit vielen Bäumen vor uns aus. An seinem Westrand ragt der zerklüftete Klotz des Garet in den Himmel. Wir lagern am Fuß des Berges, brechen nach kurzer Pause zur Garet-Besteigung auf.

Natürlich wollen wir nicht bis zum Gipfel. Die senkrechte

Wand des Hauptmassivs mit ihren zahlreichen Überhängen dürfte selbst für geübte Bergsteiger eine Herausforderung sein. Doch wenigstens ihren Fuß möchten wir erreichen. Der Fels ist ideal zum Klettern, griffig, fest und stark zerklüftet. Vielleicht haben die extremen Erosionsformen dem Berg seinen Namen gegeben. Was uns schon von unten aufgefallen ist, wird hier oben zum Gruseleffekt: Köpfe, Fratzen und Figuren überall. Man braucht kaum Phantasie, um darin Teufel und Dämonen zu erkennen.

Gut drei Stunden brauchen wir für den Aufstieg bis zum Gipfelmassiv. Die Aussicht ist mit Worten kaum zu beschreiben. Was unten wegen seiner gewaltigen Dimensionen kaum erkennbar ist, wird von hier zur malerischen Miniatur: Das Qued Igharghar mit seinen Nebenarmen, eingerahmt vom „Schwarzen Teffedest" im Westen und vom sandverwehten „Weißen Teffedest" im Osten. Aus dieser Höhe ergibt alles viel mehr Sinn. Die Sahara wird zu einer klar geordneten Landschaft aus Bergen und Wadis, aus Hügelketten und Senken, aus Dünen und Felsen. Die unten im Tal äußerst dürftig erscheinende Vegetation zeigt sich aus der Adlerperspektive als dichtes Netz aus langen Baum- und Buschketten.

Wieder unten am Lagerplatz, sitzen wir bis spät in die Nacht hinein an dem riesigen Feuer, das uns Unmengen trockener Stämme möglich machen, rekapitulieren voll Begeisterung die Erlebnisse der letzten Tage.

Vom Garet nach Mertoutek: Gastfreundschaft

In der Nacht hat wohl rund um unsere Zelte ein Wettrennen zwischen Schakalen und Gazellen stattgefunden: Es wimmelt von Spuren beider Tierarten. Ein Jammer, daß wir das verschlafen haben.

Wir entscheiden uns beim Frühstück zu einer Abkürzung. Vom Fuß des Geisterbergs wollen wir versuchen, uns in Richtung Südosten über einige Hügelketten in das Qued Igharghar zurückzutasten. Dieser Weg dürfte gegenüber der Rückfahrt durch das Wadi, in dem wir gekommen sind, mindestens 30 Kilometer kürzer sein, bei unserem bisherigen Pech mit dem Benzin ein schlagkräftiges Argument.

Was uns auf den nächsten Kilometern erwartet, ist allerdings weit eher für Trialmaschinen geeignet als für unsere schwer beladenen Wüstenschiffe. Mit weniger als Schrittempo klettern wir über Geröllhänge aus fußballgroßen Steinen, balancieren über enge Grate, kämpfen uns steile Felsplatten rauf und runter. Mehr als ein dutzendmal ertönt der disharmonische Gong des Motorschlagschutzes. Susanne geht nicht nur wegen Motivsuche für ihre Fotos einen beträchtlichen Teil der nächsten zwei Kilometer zu Fuß. Schließlich stehen wir nach einer reichlich halsbrecherischen Steilabfahrt am Ende einer kaum zwei Meter breiten Wadi-Schlucht. Unglaublich, aber wahr: Im Sand und vertrockneten Schlick des Wadibodens sind Spuren von Motorrädern zu sehen, in der Mitte undeutlich und leicht verweht, am Rand ist sogar noch das Profil der Stollenreifen zu erkennen.

Susanne und ich sehen uns an, ahnen wohl im gleichen Moment das gleiche. Beim Blick zurück nach Nordwesten erkennen wir das

Wadi wieder. Fünfzehn Monate ist es her, daß wir hier auf der Suche nach einer Zufahrt zum Garet el Djenoun umgekehrt waren. Sogar die Stelle, an der sich unsere Maschinen damals bis zur Achse eingruben, ist noch zu erkennen. Es scheint inzwischen kaum geregnet zu haben. Jedenfalls ist hier der schlimmste Teil unserer „Abkürzung" vorüber. Wir erinnern uns noch gut an die flotte Fahrt zurück in das Qued Igharghar.

Völlig überraschend taucht eine richtige kleine Piste auf. Einspurig, aber deutlich wie ein Feldweg zieht sie sich nach Süden, zeigt gelegentlich schon leichte Wellblechbildung. Merkwürdig, daß wir nicht schon gestern darauf gestoßen sind. Jedenfalls scheint sich auf der Teffedest-Ostumgehung inzwischen einiges getan zu haben. Vor fünfzehn Monaten war das Qued noch pistenlos, nur von einzelnen Autospuren gezeichnet.

Kurz vor Sonnenuntergang erreichen wir die Einfahrt ins Qued Dehine. Vor dieser Stelle hatten wir den meisten Orientierungs- bammel. Sie zu verpassen hätte bedeutet, daß wir irgendwann im südlichen, laut Karte wohl unpassierbaren Teil des Qued Igharg- har gelandet wären. Bei unserer Benzinknappheit hätte das einen wohl sehr harten Fußmarsch über die Berge zur Folge gehabt. Rund 30 Kilometer sind es vom Ende des Queds bis zur Route National Nr. 55, der relativ verkehrsreichen Piste zwischen Idelès und Djanet.

Mit der kleinen Piste, der wir nun schon seit heute vormittag folgen, ist die Einfahrt in das Qued Dehine jedoch recht einfach zu finden. Direkt daneben lagern wir für heute. Das trockene, schwere Holz einer wohl schon seit Urzeiten toten Akazie lodert fünf Minuten später in den Nachthimmel, hält uns die barbarische Kälte vom Leibe.

Der dicke Stamm glüht am Morgen noch immer. Das erleichtert uns das Verlassen des Schlafsacks erheblich. Nach dem Frühstück heißt es für Mike mal wieder Reifen flicken. Sein von Akazienstacheln perforiertes Hinterrad hat sich über Nacht entleert.

Nur rund 30 Kilometer trennen uns von Mertoutek. Die hatten es vor einem Jahr allerdings in sich. Es war eine harte Nuß gewesen, unsere mit vollen Reserven beladenen Maschinen durch Weichsand, garniert mit versteckten Felsen und harten Abbruchkanten zu lotsen. Im Oktober 1983 hatten Susanne, Bernhard und ich mit unseren nagelneuen Teneres die Bergoase am südwestlichen Rand des Teffedestgebirges zum erstenmal besucht. Damals waren wir von Tam über Assekrem und Hirhafok gekommen, nach einem kurzen Stück auf der Djanetpiste nach Norden abgebogen. Der 100 Kilometer lange, schmale Fahrweg nach Mertoutek hatte uns mit jedem Kilometer mehr begeistert: faszinierende Vulkanlandschaft, weite, ostafrikanisch wirkende Ebenen und schließlich eine wahre Fantasie-Landschaft, ein Kaleidoskop bizarrer Felsformationen. Urplötzlich waren wir von der Fruchtbarkeit eines idyllischen Tales, von dem malerischen Ortsbild Mertouteks überrascht worden. Fast noch mehr hatte uns die Gastfreundschaft der Bewohner des weitläufigen Schilfhüttendorfes überwältigt. Trotzdem hatten wir es nicht lange bei der Familie des alten Schmiedes Mohammed ausgehalten, waren nur einen knappen Tag in Mertoutek geblieben. Es hatte uns einfach zum Beginn der ersten langen Querfeldeinroute unseres Lebens gedrängt. Diese Strecke, die wir nun zum zweiten Mal relativ problemlos hinter uns gebracht haben, war vor einem Jahr für mich ein Wagnis gewesen, vor dem ich bis zuletzt größten Respekt gehabt hatte. Mit dementsprechendem Aufwand hatten wir unsere Maschinen vorbereitet, hatten pro Motorrad 70 Liter Benzin und 30 Liter Wasser mit uns geführt. Bernhard, damals kurz vor Abschluß eines Medizinstudiums, hatte Medikamente für alle nur erdenklichen Fälle mitgenommen. Sogar ein Mittel, das uns im äußersten Notfall zur drastischen Verkürzung eines langsamen Verdurstungstods gedient hätte, war dabei.

Jedenfalls freue ich mich jetzt auf Mertoutek, nicht zuletzt, weil schon eine Woche Einsamkeit hinter uns liegt. Es ist der siebte Tag seit Hassi bel Gebbour.

Bis wir endlich wegkommen, ist schon beinahe Mittag. Die Piste aus dem Qued Igharghar setzt sich durch das wildromantische Qued Dehine fort. Sie bleibt am felsigen Rand des Wadis, ist daher ganz gut befahrbar. Die Aussichten sind nicht schlecht, den heutigen Abend vielleicht wieder in der Hütte von Mohammed zu verbringen.

Ein Stück voraus lagert im breiten Vegetationsstreifen des Queds zwischen buschbewachsenen Sandbuckeln eine kleine Karawane. Ein Besuch ist für uns obligatorisch, einmal, weil es ein ungeschriebenes Gesetz der Wüste ist, in einsamen Gegenden an niemandem vorbeizufahren, zum anderen natürlich aus Neugierde. Wir verlassen die schmale und kurvenreiche Spur am felsigen Rand des Queds, manövrieren die Maschinen über eine hohe Schwemmkante hinunter in das kilometerbreite Trockenflußbett. Bodenloser Weichsand sorgt erst einmal für Gleichgewichtsstörungen. Eigentlich würden wir unseren Besuch lieber etwas dezenter abstatten, langsam hinübertuckern, doch der tückische Untergrund läßt uns keine Wahl: Nur flotte Fahrt ermöglicht auch stabile Fahrt.

Nach wildem Slalomkurs zwischen Felsen und Sandhügeln, Tamarisken und uralten Akazienstämmen halten wir in Rufweite vom Lagerplatz der Nomaden entfernt an.

Zwei an verwilderte Huskys erinnernde Hunde stürmen mit gefletschten Zähnen und ohrenbetäubendem Gebell auf uns zu. Ein schriller Pfiff bringt sie zur Raison, wir fangen wieder an zu atmen. Inmitten eines fünfzig Meter entfernten Sammelsuriums aus Kamelsätteln, Decken, Fellen, Körben und Ledersäcken richtet sich eine Gestalt auf. Mit langsamen, weit ausholenden Schritten kommt uns der Mann entgegen. Seine sandfarbene Pluderhose flattert im Wind, der Kamelhaarburnus zeigt die Spuren einer langen Reise. Ein alter Mann? Oder vielleicht erst vierzig? Es ist schwer zu sagen. Das vom Wüstenklima wie zu einer dunkelbraunen Holzskulptur verwitterte Gesicht wird beherrscht von Augen, die Kraft und Jugend genauso ausstrahlen wie Weisheit und Erfahrung. Breit lacht er uns an, das helle Weiß und blinkende Gold seiner Zähne steht im Gegensatz zu den tausend Falten seines Gesichts. Der dunkelblaue *chech*, traditionelle Kopfbedeckung der Tuareg, ist nur locker gebunden. Indirekt wohl unsere Schuld, wir haben durch unser unerwartetes Auftauchen für Hektik gesorgt. Ein Targi zeigt sich keinem Fremden ohne seinen *chech*.

Die Füße des Mannes stecken in breiten Ledersandalen, deren bunte Bemalung unter der Staubschicht gerade noch zu erkennen ist. Um den Hals trägt er ein Amulett aus mehreren kleinen Lederbehältern, das *gris-gris*, ein mit persönlichen Fetischen und Koran-Suren gefüllter Talisman, Schutz gegen die allgegenwärtigen Geister der Sahara. Und von diesen soll es im Teffedestgebirge, insbesondere in der Gegend des Garet, besonders viele geben. Der Alte streckt mir seine Hand entgegen. Lederähnliche, rissige Haut kontrastiert mit schmalen, langen Fingern und gepflegten Nägeln. Beide führen wir nach kurzem Händedruck die rechte, reine, Hand zum Herzen. Danach beginnt die eigentliche Begrüßungszeremonie. Insbesondere, wenn sich Tuareg untereinander begrüßen, kann daraus eine zehnminütige Variation über das Thema „Wie geht es?" werden. Bei uns dauert das Austauschen der Grußformel nur knapp eine halbe Minute (sinngemäße Übersetzung in Klammern):

„Lebes?" (Wie geht's?)

„Lebes. Hamdoullha. Lebes?" (Gut. Gott sei Dank. Und selbst?)

„Lebes. Giddegid. Hamdoullah." (Es geht, Gott sei Dank, gut.)

„*Quelqúun malade?*" (Jemand krank?)
„*Personne malade. Lebes?*" (Niemand. Und selbst?)
„Lebes. Lebes la voyage?" *(Alles klar. Wie läuft die Reise?)*
„Lebes. Lebes la voyage?" *(Gut. Und selbst?)*
„Lebes. Lebes les motos?" *(Gut. Geht's mit den Motorrädern?)*
„Lebes. Lebes les chameaux?" *(Gut. Und die Kamele?)*
„Lebes. Lebes?" *(Gut. Sonst läuft alles gut?)*
„Lebes." *(Alles bestens.)*
„Hamdoullah." *(Gott sei Dank.)*

Der Karawanenchef ist sichtlich darüber erfreut, daß ich die Begrüßungszeremonie der Tuareg wenigstens in Kurzform beherrsche, und äußert sich darüber wohl anerkennend seinen inzwischen dazugekommenen Kollegen gegenüber, vier jüngeren Männern, von denen einer negroide Gesichtszüge hat.

Die folgende Unterhaltung findet mit den Ausdrucksmitteln von Mimik, Zeichensprache und Sandmalerei statt, denn selbst der Alte spricht nur wenige Worte Französisch und wir natürlich kein Tamaschek, die Tuaregsprache. Mit fünf Reitkamelen war die Gruppe vor zwei Wochen von Mertoutek zur 200 Kilometer entfernten Amadror-Ebene, am Fuß des Tassili N' Ajjer, aufgebrochen. Dort hatten sie etwa zwanzig halbwilde Kamele eingefangen und diese dann größtenteils auf dem Kamelmarkt von Idelès verkauft.

Ich verteile meine vorletzte Schachtel Zigaretten, während der Sohn des Chefs ein kleines Feuerchen schürt, um darauf den obligatorischen, berüchtigt starken *Thé de Tuareg* zu köcheln. Mir fällt auf, daß die große blecherne Teedose unserer Gastgeber fast leer ist. Aus dem Seitenkoffer der Tenere hole ich unseren Tee. Mißtrauisch prüft der Chef Geruch und Konsistenz der grünen Blattkugeln. Da ich sie in Algerien gekauft habe, kann er nicht allzuviel dran auszusetzen haben. Mit ebenso freundlichem wie skeptischem Lachen fordert er mich zum Teekochen auf.

Der Targi Cheikh Mellakh beim Teekochen

Warum nicht? Stark und süß muß er sein. Wie man das hinbekommt, habe ich schon oft genug beobachtet und ausprobiert. Hier das Rezept: Mit den in Algerien allgemein benutzten kleinen Blechkannen und Teegläsern, die wie unsere Schnapsgläser aussehen, läßt sich das Getränk für maximal sechs Personen auf einmal zubereiten. Für mehr reicht es nur dann, wenn man die kleinen Gläser nicht voll macht. Drei handtellergroße Häufchen der grünen Blattkugeln mit ein wenig Wasser in eine Kanne geben, auf dem Feuer kurz erhitzen, dann die Kanne mit Wasser auffüllen. Wenn das Wasser kocht, die Kanne nicht gleich vom

Feuer nehmen, sondern einige Minuten weiterköcheln lassen. Gutes Ziehen des ersten Aufgusses ist entscheidend für den Geschmack der beiden anderen.

In eine zweite Kanne gibt man rund drei gehäufte Eßlöffel Zucker, schüttet den Tee aus der ersten Kanne hinein. Während man die „Zuckerkanne" mit dem Tee kurz stehenläßt, füllt man die andere Kanne mit dem inzwischen stark aufgequollenen Teeblättern wieder mit Wasser auf und stellt sie aufs Feuer. Nun schüttet man die Tee-Zucker-Mischung mehrfach in einem mindestens dreißig Zentimeter langen Strahl von der Kanne in ein großes Glas. Dies dient dazu, den Zucker zu lösen und das Aroma des Tees besonders gut zu entfalten. Meist ist es nach dem fünftenmal genug.

Man schenkt sich selbst einen Schluck ein und kostet. Ist der Tee nicht so stark, daß er fast schon bitter schmeckt, werden der zweite und dritte Aufguß nicht gut. Man muß dann für den zweiten Aufguß noch ein wenig Tee hinzufügen, am besten heimlich, denn das ist schon ein Stilbruch. Ist der Tee zwar stark, aber nicht süß genug, muß man noch etwas Zucker hinzufügen, noch zwei- bis dreimal hin und her gießen. Ideal ist, wenn der erste Aufguß leicht bitter und süß zugleich schmeckt.

Nun schenkt man seinen Gästen ein, und zwar wiederum mit langem Strahl, sonst bekommt das Glas keine Schaumkrone. Für die Tuareg ist das genauso abstoßend wie für uns ein schaumloses, abgestandenes Bier. Währenddessen darf man den zweiten Aufguß nicht vergessen. Meist kocht er schon, wenn man den ersten gerade trinkt. Diesmal schüttet man in die „Mischkanne" nur noch rund zwei gehäufte Eßlöffel Zucker. Danach *the same procedure as before.* Ebenso mit dem dritten Aufguß. War der erste nicht wirklich stark, schmeckt der dritte wie Wasser, zumindest für die Tuareg. Europäischen Tee übertrifft er immer noch. Der *Thé de Tuareg* wirkt im allgemeinen sehr belebend, ohne jedoch für Schlaflosigkeit zu sorgen. Man kann ihn also ruhig abends trinken.

Wir vergessen völlig, daß wir heute eigentlich noch nach Mertoutek wollen. Wieder einmal fühlen wir uns in der Gesellschaft von Tuareg äußerst wohl, genießen die Entspannung und das anregende Getränk. Es wird nicht viel geredet. Hektik und Aufdringlichkeit ist diesem Volk unbekannt. Susanne verspürt als wohltuenden Gegensatz zu den Arabern des Nordens, daß sie als ganz normaler Mensch behandelt wird und nicht als potentielles Sexual- oder zumindest Schauobjekt.

Kein Wunder übrigens, die Gesellschaftsform der Tuareg kann durchaus als abgemilderte Form des Matriarchats bezeichnet werden. Frauen haben in vielen wichtigen Bereichen des Lebens

Kamele sind für die Tuareg-Nomaden nach wie vor ein wichtiger Erwerbszweig

das Sagen. Verwaltung und Organisation der Dorfgemeinschaft obliegt alleine ihnen, eine Tradition, die wohl noch aus der Zeit der großen Karawanen herrührt, als so gut wie alle männlichen Tuareg jedes Jahr mehrere Monate mit riesigen Handelskarawanen unterwegs waren.

Während die Stunden vergehen, steht gelegentlich einer der Männer auf und hält Ausschau nach den im Vegetationsgürtel des Qued weidenden Kamelen. Die Vorderbeine der rund zehn Tiere sind mit kurzen Stricken zusammengebunden, damit sie sich beim Fressen nicht zu weit vom Lagerplatz entfernen können. Ein fast weißes Kamelbaby von kaum einem Meter Schulterhöhe ist nicht angebunden, läuft mit staksigen Schritten neben seiner riesigen Mutter her. Erstaunlich, daß das Kalb den weiten Weg von Amadror bis hierher geschafft hat. Der Chef bedeutet mir mittels Zeichensprache, daß das Tier erst vorgestern geboren worden sei.

Kamele bekommen übrigens fast immer nur ein Junges nach etwa einem Jahr Tragzeit und säugen es ungefähr genauso lange. Die Milch des Kamels ist auch für Menschen genießbar. Vor allem gekühlt schmeckt die fettarme, wäßrige Flüssigkeit recht gut, etwa wie dünne Buttermilch.

Die Sonne steht inzwischen nur noch eine Handbreit über der gestochen scharfen Silhouette der Berge. Keine zehn Minuten später versinkt sie hinter einem halbkugelförmigen Gipfel. Die faszinierende Landschaft des Teffedest wirkt im rotgoldenen Licht des Abendrots wie die Kulisse eines Sciene-fiction-Films. Mehr und mehr Sterne zeichnen sich am schwarzblauen Himmel ab. Das Licht der hauchdünnen Sichel des erst zwei Tage alten Mondes überstrahlt sie noch nicht. Auch der Rest des Erdtrabanten zeichnet sich als dunkler Schattenriß ab, ein aufgrund der geringen Feuchtigkeit und Luftverschmutzung typisches Saharaphänomen. Um halb sieben ist es dunkel. Die Kälte kommt auf dem Fuße. Pullover und Mützen werden aus den Koffern gekramt. Unsere Gastgeber wickeln sich in ihre Burnusse ein. Fünf Grad zeigt unser kleines Thermometer. Im Lauf der Nacht werden die Temperaturen noch um genausoviel fallen. Seit Tagen weist unser Trinkwasser jeden Morgen eine dünne Eiskruste auf.

Der schwarzhäutige Targi beginnt, in einer großen Blechschüssel einen Teig aus Hirsemehl, Salz und Wasser zu kneten. Das Endprodukt wird ein direkt unter der Glut des Feuers gebackenes schweres Fladenbrot sein. Knapp zwanzig Minuten garen die großen Fladen auf diese Weise. Nur wenig Sand bleibt an der Oberfläche des Teigs hängen. Der wird mit einem Löffel abgekratzt, das ganze Brot danach kurz mit Wasser abgewaschen.

Allzu lange dauert es dann nicht mehr, bis uns die Kälte in die Schlafsäcke, bzw. unter die Kamelhaardecken treibt. Wir verzichten heute auf den Zeltaufbau, wollen die Atmosphäre dieses Abends nicht dadurch stören. Noch eine ganze Weile beobachten wir das Lichtermeer des Sahara-Sternenhimmels, suchen Sternbilder und beobachten die zahlreichen Sternschnuppen. Auch ein Satellit zieht mit hoher Geschwindigkeit über das Firmament. Irgendwann halten unsere Nasenspitzen die barbarischen Temperaturen nicht mehr länger aus. Wir gehen auf Schlafsack-Tauchstation.

Noch nie sind wir auf dieser Reise so früh aufgestanden wie heute. Unsere Gastgeber sind kurz nach Sonnenaufgang auf den Beinen, offerieren uns einen Frühstückstee, noch ehe wir uns aus den warmen Schlafsäcken in die eisige Morgenkälte wagen. Wenig später beginnen drei von ihnen, die Kamele zusammenzutreiben. Der Chef und sein Sohn verpacken alles abmarschbereit. Ich frage, ob sie nicht schon heute abend Mertoutek erreichen werden. „Inshallah" – so Gott will –, ist die Antwort.

Auch wir sind, unglaublich, aber wahr, schon um acht Uhr *on the road,* erreichen eine halbe Stunde später die Piste von Idelès nach Mertoutek. Der winzige Holzwegweiser, auf den in krakeliger Schrift *Mertoutek* gepinselt ist, befindet sich wie letztes Jahr an der Ausfahrt aus dem Qued Dehine. Der Streckenzustand hat sich allerdings ganz schön verändert. Wo im Oktober 1983 kaum nennenswertes Mini-Wellblech war, finden wir jetzt eine waschbrettartige Rappelpiste. Die Landschaft ist natürlich gleich geblieben. Genauso wie das letzte Mal schlägt sie uns mit ihrer eigenartigen Mischung aus Lieblichkeit und Schroffheit in den Bann.

Sechzehn Kilometer weiter taucht nach Überquerung einer Kuppe unvermittelt Mertoutek auf, eine malerische, vom Gesamtbild aber ungewöhnliche Oase: Ein langgezogener grüner Schilfgürtel dominiert über die vorgelagerten Gemüsegärten im Schatten großer Dattelpalmen. Zu den Schilf-Zeribas und wenigen Lehmgebäuden des letzten Jahres hat sich ein großer brauner Ziegelbau gesellt. Blau-weiße Bemalung und die algerische Flagge sorgen für offiziellen Anstrich: eine richtige *daira* (Bürgermeisterei) in Mertoutek, dazu eiserne Strommasten und ein Generatorhäuschen. Es scheint, daß der Dornröschenschlaf der Oase der Vergangenheit angehört.

Drei auffällig hübsche Mädchen kommen uns entgegen, empfangen uns mit der typischen Art der Tuaregfrauen, einer Mischung aus Schüchternheit und Flirt. Die eine erinnert sich an unseren Besuch vom letzten Jahr, begrüßt Susanne überschwenglich mit einer Umarmung.

Meine Handbewegung zu unseren leeren Wasserkanistern wird gleich verstanden. Wir wandern hinter den drei Schönheiten her immer tiefer in den schattigen Palmengarten. Alleine hätte ich den Weg zum Brunnen wohl nicht mehr gefunden. Auf halbem Weg kommt uns ein weißgekleideter Targi entgegen. Es ist Abdul, einer der Söhne von Mohammed, dem alten Schmied. Großes

Hallo. Er ist stolz, daß Mertoutek nun Elektrizität besitzt, klagt gleichzeitig, daß oft das Diesel für den Generator ausgeht und sie noch immer keinen eigenen LKW hätten. Einmal im Monat kommt ein gemieteter Laster von Tamanrasset, versorgt den Ort mit allem, was benötigt wird, allerdings zu einem astronomischen Preis.

Ich frage nach Mohammed. Sein Gesicht wird schlagartig ernst: *„Il est mort."* Im letzten Sommer ist der alte Mann gestorben. Das Foto, das ich für ihn mitgebracht habe, kann ich ihm nun nicht mehr überreichen.

Der Motor der Brunnenpumpe springt nicht an. Abdul zieht Dutzende von Malen am Seilzugstarter. Außer ein paar kurzen Spotzern tut sich nichts. Bei näherer Betrachtung des kleinen Zweitaktaggregats erscheint uns das nicht mehr verwunderlich: Der Vergaser ist ein öliger, kaum noch zu erkennender Dreckklumpen. Die Zylinderkopfschrauben sind so locker, daß man sie mit der Hand aufdrehen kann. Der Luftfilter sieht eher aus wie ein gebrauchter Ölfilter.

Eine Viertelstunde später ist der kleine Motor in seine sämtlichen Bestandteile zerlegt. Da wir heute sowieso nicht mehr bis Idelès kommen, opfern wir einen Liter Benzin zur Reinigung des Triebwerks, bringen es mit unserem Werkzeug auf Vordermann. Währenddessen sorgen die drei Frauen für musikalische Begleitung, beginnen auf unseren Plastikkanistern zu trommeln und stimmen einen faszinierenden Gesang an: monoton und temperamentvoll zugleich, melancholisch und trotzdem fröhlich.

Abdul ist begeistert, als der Motor auf den ersten Zug anspringt und gleichmäßig vor sich hin knattert. So werden nicht nur unsere fünf Kanister schnell mit jeweils zehn Litern Wasser gefüllt, sondern auch die Mägen etlicher Ziegen und eines Kamels. Die Trinkweise dieses Tieres sorgt für Erheiterung: Kopf in das

Mertoutek: Mike lauscht andächtig dem Glucksen im Bauch des trinkenden Kamels

Tränkebecken, langes Schlürfen, Kopf hoch in die Luft. Glucksend fließt das Wasser in den Bauch, erzeugt ein dumpfes Plätschern, als es im Magen ankommt.

Abdul meint, es sei Zeit zum Essen. Wir würden uns jedoch zuvor noch gerne waschen. Langsam beginnt der Staub, der sich seit der Quelle von Hassi bel Gebbour auf uns angesammelt hat, unangenehm zu werden. Abdul erklärt den drei Frauen, daß wir noch ein Weilchen ungestört am Brunnen bleiben wollen. Unter großem Gekicher und Geschäker folgen sie ihm nach.

Zehn Meter vom Brunnen entfernt ist unter Palmen eine Art Badeplatz aus Holzbalken eingerichtet, mit Eimern und einem großen Trog. Ob die Tuareg sich auch mit biologisch abbaubarer Seife waschen? Wohl kaum. Doch bisher scheint es den Palmen nicht geschadet zu haben.

Eine halbe Stunde später erscheinen wir wie aus dem Ei gepellt zu einem äußerst leckeren Gemüse-Couscous, den man inzwischen zubereitet hat. Wir erzählen von der Karawane im Qued Dehine. Zwei der drei Frauen werden ganz aufgeregt, als Abdul übersetzt. Offenbar sind ihre Männer dabei. Heute treffen die fünf jedoch nicht mehr in Mertoutek ein, haben wohl an den Gueltas von Dehine noch mal Rast gemacht.

Von Mertoutek nach Tamanrasset: Hoggar-Romantik

Fünfzig Kilometer südlich von Mertoutek, mitten in einer Mondlandschaft aus Vulkankratern und schwarzer Basalt-Hammada (Geröllwüste), zeigt unser Rückspiegel nur noch Gelb: Turmhohe Staubwolken nehmen jede Sicht nach hinten. Immer wieder führt die enge und grausig holperige Wellblechpiste durch gewaltige Fesch-Fesch-Felder. Wir müssen in großem Abstand zueinander fahren. Der Wind kommt genau von Süden, vernebelt auf Hunderte von Metern die Piste hinter uns. Wir warten wieder einmal auf die anderen, doch nur Chris taucht wenige Minuten später auf, von Mike und Wolfi keine Spur. Es fällt schwer, auf einer derart nervenaufreibenden Strecke zurückzufahren. Wir beschließen, eine Zigarettenlänge zu warten.

Tatsächlich kommen die beiden zehn Minuten später angefahren. Mike war als erster auf dem trockenen gesessen. Beim

Benzinzapfen aus Wolfis Tank stellte sich dann heraus, daß auch der schon so gut wie leer, die Reservestellung des Benzinhahns ein schlechter Witz des Tankherstellers war. Im 30-l-Faß meiner Tenere tönt es ebenfalls verdächtig hohl. Ich bin mir gar nicht mehr sicher, ob das bißchen Sprit, das da herumgluckst, für 40 Kilometer reicht. Hoffentlich ist die Reinigung des Wasserpumpenmotors in Mertoutek kein Fehler gewesen. Zum Glück wurde Chris bisher von unvorhergesehenem Spritverlust verschont, ist daher noch reichlich mit Benzin gesegnet. Nach dem Abzapfen von jeweils gut drei Litern für Mike, Wolfi und mich klingt sein monströser Blechbehälter deutlich besser. Leider nur in musikalischer Hinsicht: Ein leerer Tank tönt eben besser als ein voller.

Zehn Kilometer weiter, kurz nach dem Abstieg vom staubigen Hammada-Plateau, zweigt linker Hand eine schmale, wellblechfreie Spur ab, verschwindet hinter einem Qued am Horizont. Wir versuchen anhand unserer topographischen Karten herauszufinden, ob dies nicht eine Abkürzung nach Idelès sein könnte. Es wäre mehr als praktisch, wenn uns diese Minipiste einige Kilometer ersparen würde, uns noch ein paar Tropfen für die Benzinsuche in Idelès blieben. Denn einfach wird es nicht sein, in dem Ort Motorradfutter aufzutreiben. Die Tankstelle ist laut Abdul nach wie vor nur Attrappe.

Wir riskieren es. Die kleine Piste klettert wieder in die Berge, hält aber immer unsere Richtung. Nach einem Abbruch sehen wir in großer Entfernung ein Zeriba-Dorf, ein Vorort von Idelès. Der Abstieg bis hin zum Dorf besteht aus tiefsandigen Spurrillen der übelsten Sorte. Als wäre das noch nicht genug, taucht plötzlich ein halbes Dutzend großer Hunde auf, rast wie eine blutrünstige Wolfsmeute auf uns zu. Als eines der Biester uns von der Seite anspringt, mit furchterregend gefletschtem Gebiß nach meinem Bein schnappt, fahre ich wie der Teufel. Mit hohem Tempo rasen wir über die kurvige und enge, einen halben Meter tief verspurte

Piste. Die Tenere bleibt wie auf Schienen in der Spur, in Kurven kommt wieder mal die bewährte Rütteltechnik zum Einsatz.

Obwohl die aggressiven Köter unverschämterweise jede Kurve über die Felsen neben der Piste abkürzen, bringen wir langsam Abstand zwischen uns und sie. Trotzdem geben sie nicht auf, verfolgen uns bis ins Dorf. Mit viel zu hohem Tempo rasen wir in die Hüttenansammlung hinein. Plötzlich taucht wie hingezaubert ein Kind vor uns auf. Mir bleibt beinahe das Herz stehen. Ich lege eine Vollbremsung hin, an deren Ende sich das Motorrad um 180 Grad gedreht hat. Nur mit Mühe kann ich die Maschine am Umkippen hindern. Ein Targi kommt aus einer Hütte, lacht, wirft Sand und Steine nach der kläffenden Meute. Doch die hat ohnehin neue Beute entdeckt: Christophe, Mike und Wolfi. Die drei kommen gerade um einen der Felshügel herum. Das Spiel beginnt von vorn, nur verteilen sich die Biester jetzt auf drei Maschinen.

Fünf Kilometer sind es noch bis Idelès, fünf Kilometer butterweicher Wadisand, der Chris und Mike noch jeweils einen Ausrutscher kostet. Mindestens 40 Liter Benzin müssen wir in dem Ort auftreiben, gerade ausreichend für die 190 Kilometer nach Tam. In der Oase fahren wir zuerst auf die Polizei. Dort nimmt man unsere Personalien auf, interessiert sich aber recht wenig für unser Problem. Jeden Tag kämen Touristen vorbei, so hören wir, und fragten nach Benzin oder Diesel. Dabei hätte man selber nicht genug davon.

Statt mit Sprit versorgt man uns mit Orangen, Thunfischkonserven und einem ofenwarmen Baguette. Wir sollten es mal bei einem Franzosen, der seit vielen Jahren in Idelès lebt, oder der staatlichen Ölgesellschaft SONATRAC versuchen.

Der Franzose lädt uns zu Tee und Salat ein. Sein Haus fasziniert uns so, daß wir das Spritproblem erst mal vergessen: Es unterscheidet sich eigentlich nur durch die typisch mitteleuropäische, in dieser Umgebung geradezu pedantisch wirkende Sauberkeit von den anderen Häusern Idelès. Der Lehmziegelkomplex ist innen verputzt und weiß getüncht. Die Einrichtung der drei geräumigen, um einen offenen Innenhof gruppierten Zimmer besteht aus makellos weißem Sandboden, Teppichen, Decken, gehämmerten Kupfertabletts, lederbeschlagenen Truhen und Aquarellgemälden mit mitteleuropäischen Landschaftsmotiven. Benzin hat der Franzose leider auch nicht. Er braucht auch keines, da er seit Wochen auf Ersatzteile für den defekten Motor seines Autos wartet. Die kommen nämlich aus Paris und liegen jetzt erst mal ein Weilchen beim Zoll von Algier.

Im Büro der SONATRAC werden wir fündig, zumindest zu 50 Prozent. Einen 20-l-Kanister holt der Verwalter aus seinem Depot für uns, will nicht einmal Geld dafür. Mehr sei allerdings nicht drin, erklärt er uns. Denn eigentlich riskiert er damit seinen Job.

Es wird wohl ein paar Tage dauern, bis wir von hier wieder weiterkommen. Zumindest heute noch stört uns das nicht. Wir genießen es, in einer Stadt zu sein. Immerhin gibt es eine Bäckerei, verschiedene Läden und ein Café. Dort lernen wir einen Targi kennen, der morgen früh nach Tamanrasset fährt. Er hat mehr Benzin im Tank seines Peugeot-*camionnette*, als er für die Strecke benötigt. Mit einem Schlauch zapft er für uns gut 20 Liter ab, will, wie schon der SONATRAC-Verwalter partout kein Geld dafür.

Wir übernachten einen Kilometer außerhalb von Idelès in einem Qued. Abends leisten uns einige Kinder Gesellschaft. Anders als die Araberkinder im Norden sind sie weder aufdringlich noch im geringsten daran interessiert, uns etwas zu stibitzen. Sie wollen uns ganz einfach nur zusehen, auf eine liebenswerte Art ihr Schul-Französisch üben. Als es dunkel wird, sagen sie höflich zu jedem von uns, auch zu Susanne, *„Bonne nuit, Monsieur!"* und gehen nach Hause.

Auf der breiten Wellblechpiste der Route Nationale Nr. 55 verlassen wir Idelès in Richtung Westen. Ab 80 km/h wird die Rüttelei erträglich. Hirhafok ist schnell erreicht. Kurz hinter dem kleinen Ort beginnt eine der schwierigsten Strecken, die ich je gefahren bin – besser gesagt, begann sie dort auf meiner letzten Reise. Doch ein kleines Stück nach Hirhafok falle ich aus allen Wolken: Die Katastrophenpiste nach Assekrem hat sich zur „Autobahn" verwandelt. Es ist nicht zu fassen. Diese ehemals bachbettähnliche Strecke, auf der wir uns letztes Jahr über mörderische Steigungen und Gefälle, durch abgerutschte oder völlig weggerissene Passagen kämpften, auf der wir für die knapp 80 Kilometer von Assekrem nach Hirhafok fast einen ganzen Tag benötigten, ist generalüberholt worden. Es kann nicht lange her sein, denn noch immer parken gigantische Planierraupen am Pistenrand.

Gut zehn Meter breit, topfeben und noch wellblechfrei ist die neue Piste. Trotz gemütlicher Fahrweise und zahlloser Fotostops in der zerklüfteten Gebirgslandschaft der Hoggar-Basaltschlote sind wir in weniger als zwei Stunden in Sichtweite der Kreuzung mit dem „Boucle d'Assekrem", der sogenannten kleinen Hoggar-Rundfahrt.

Urplötzlich ertönt ein scheußliches Geräusch unter uns, ein hartes, metallisches Schlagen, untermalt von schleifendem Kratzen und Knirschen. Das Hinterrad blockiert. Ich ziehe die Kupplung. Trotzdem schlittern wir noch einige Meter über den Schotter, ehe sich das Rad wieder dreht. Das war's dann wohl!

Der erste Blick scheint zu bestätigen, was mir sofort durch den Kopf geschossen ist: kapitaler Motorschaden. Eine unbeschreibliche Menge schwarzer Schmiere bedeckt den ganzen Hinterbau des Motorrades, inklusive unserer Stiefel. – Allerdings ist es kein Öl, sondern Fett. Es ist nicht der Motor geplatzt, sondern die Kette gerissen. Mit großer Gewalt hat sie den nachträglich montierten

Kettenriß

Fett-Kettenkasten in Stücke geschlagen, Öltank und Seitenkoffer eingedellt, das Nummernschild wie den Deckel einer Sardinendose um den Gepäckträger gewickelt, um dann letztendlich das Weite zu suchen. Zehn Meter hinter uns liegt sie im Staub. Ein halbes, völlig abgeschliffenes Kettenschloß hängt an ihrem Ende.

Trotz der unbeschreiblichen Schweinerei aus schwarzem Schmierfett ist kein irreparabler Schaden entstanden. Der Öltank ist zwar verbeult, aber nicht leck. Auch das Getriebe hat durch die Blockade nichts abbekommen. Auf Asphalt wäre das vielleicht anders gewesen.

Bis alles wieder funktioniert, die zahllosen benzin- und fettgetränkten Lumpen, Plastik- und Aluminiumreste des Kettenkastens endlich in Flammen aufgehen, ist es Abend. Die Sonne ist

Er ließ sich ohne große Probleme wieder reparieren

soeben hinter den 2700 Meter hohen Basalttürmen des I-n-Taraine-Massivs verschwunden. Mike und Wolfi sind vor einer halben Stunde vorausgefahren, um den legendären Sonnenuntergang vom Assekrem aus nicht zu verpassen. Für uns drei wird heute abend daraus nichts mehr werden. Zum Glück haben wir das märchenhafte Silhouetten-Farbspiel schon öfter gesehen.

Wir sind noch fünf Kilometer unterhalb des Berggipfels, als es endgültig stockdunkel ist. Zwei einzelne Scheinwerfer kommen uns entgegen, unglaublich wacklig und langsam. Es sind Mike und Wolfi. Sie sind zurückgekommen, um uns zu warnen. Der Zustand der letzten beiden Pistenkilometer sei absolut verheerend, berichten sie, eine Befahrung bei Nacht zu gefährlich. An Ort und Stelle verlassen wir die Piste, säubern einen kleinen Platz zwanzig Meter daneben von Steinen und Geröll, bauen die Zelte auf. Starker Wind setzt ein, es ist bitterkalt. Übermorgen ist ja schließlich auch Weihnachten.

Die wenigen Kilometer bis zur Paßhöhe des Assekrem treiben uns am nächsten Morgen in kürzester Zeit die Kälte aus den Knochen. Sie sind in einem Zustand, der die Piste vom letzten Jahr als Autobahn erscheinen läßt, genau umgekehrt, als bei der Hirhafokpiste. Eine ganze Reihe von Autos parkt auf den letzten beiden Kilometern. Für zweispurige Fahrzeuge ist ab hier wohl kein Durchkommen mehr möglich. In der Tat ist die Piste jetzt nichts anderes als ein ausgetrocknetes, extrem steiles und ausgespültes Wildbachbett. Stellenweise existiert sie gar nicht mehr, muß von starken Regenfällen weggerissen worden sein. Wir balancieren auf den schmalen Stücken zwischen den metertiefen Auswaschungen hindurch. Der Untergrund ist übersät von unzähligen fußballgroßen Felsbrocken.

In den Spitzkehren droht sich die Tenere jedesmal aufs Hinterrad zu stellen. Es geht so steil bergauf, daß schon ein kleiner Stein genügt, um den ganzen Vorderbau in die Luft zu katapultieren. Als wir endlich um die letzte Biegung herum in den ummauerten Hof der Assekrem-Schutzhütten hineinrollen, bin ich geschafft. Bei diesem Pistenzustand zu zweit auf einer schwerbeladenen Maschine zu fahren war mehr, als ich vor dem Frühstück ertrage.

Nur drei Motorräder aus Italien parken hier oben, nicht viel für die Assekrem-Hochsaison, für Weihnachten. Alle anderen Fahrzeuge sind wohl eine halbe Stunde Fußmarsch vom Assekrem-Gipfel entfernt abgestellt worden, wo wir sie ja bei der Herfahrt gesehen haben.

Im etwas alpin wirkenden Inneren des „Hotels" *Assekrem* prasselt ein Feuer im offenen Kamin. Eigentlich nicht unromantisch, doch es ist so voll hier drin, daß wir nur mit Schwierigkeiten Plätze an der langen Frühstückstafel ergattern. Mindestens drei

Blick von der Eremitage auf den 2500 Meter hohen Sattel des Assekrem

Reisegruppen drängen sich unter wenig romantischem Geschnatter in dem kleinen Raum.

Als Flugtourist kann man sich offenbar nur schwer vorstellen, daß eine Motorradreise durch die Sahara kein Selbstmordunternehmen sein muß. Wir werden derart mit Fragen bombardiert, daß wir kaum dazu kommen, Kaffee, Baguette und Dattelmarmelade zu uns zu nehmen. Nichts wie weg hier!

Über einen Eselspfad klettern wir in zehn Minuten hinauf zum Assekrem-Gipfel, zur früheren Eremitage des Jesuitenpaters Foucauld. In 2700 m Höhe setzen wir uns auf die Steinmauer vor der kleinen Kapelle, genießen die langsam wärmer werdende Morgensonne, vor allem die Ruhe. Der Sonnenaufgang ist längst vorbei, dafür aber auch das Klicken und Surren unzähliger Fotoapparate

Die kleine Kapelle in der Eremitage des Paters Foucauld

und Filmkameras, das Geplapper der Pauschaltouristen-Gruppen aus Tamanrasset. Ungestört können wir die verzaubernde Atmosphäre genießen. Das weiche, rötliche Morgenlicht läßt die bizarren Strukturen der zuckerhutförmigen Basalttürme der Hoggar-Bergriesen greifbar nah erscheinen. Schäfchenwolken treiben über den am Horizont noch immer regenbogenfarbenen Morgenhimmel. Tief unter uns, auf dem Sattel des Assekrem wiehert ein Esel, einer der drei Lastentransporter für die Patres der Eremitage.

Aus dem Innern der kleinen Kapelle ertönt leise eine dunkle Männerstimme, ein Gebet. Wir betreten das kleine Gemäuer, schieben vorsichtig den Vorhang zur Seite. Dahinter findet gerade eine Morgenandacht statt. Die drei Jesuitenpatres, die hier oben leben, und eine Handvoll Besucher, offenbar die Besatzungen der drei italienischen Motorräder, nehmen daran teil. Der älteste der Patres liest laut aus einem großen Meßbuch vor, begrüßt uns, ohne innezuhalten, mit einem kaum sichtbaren Kopfnicken.

So schlicht die Einrichtung der Kapelle ist, so stark spürbar ist die sakrale Atmosphäre in ihr. Auf dem Boden des kleinen Raumes liegen Felle. Ein einfaches Kruzifix steht auf dem aus grobem Hoggarbasalt gemauerten Altar.

Nach der Messe schmökern wir noch ein wenig in der kleinen Bibliothek, die sich zusammen mit der Wetterstation gleich an die Kapelle anschließt. Hier waren wir damals beim Durchblättern eines alten, schwarzweiß bebilderten Buches über die Bergwelt des Hoggar auf den „Geisterberg", den Garet el Djenoun, aufmerksam geworden.

Nach dem Abstieg von der Eremitage trinken wir in der inzwischen verlassenen Assekrem-Schutzhütte noch einen letzten Stärkungstee. Kraft werden wir für die vor uns liegenden 90 Kilometer nach Tamanrasset brauchen, denn wir haben uns für die westliche Abfahrt, die berühmt-berüchtigte Ilamanepiste, entschieden. Diese Route ist fahrtechnisch viel schwieriger als die 80

Kilometer lange Ostauffahrt zum Assekrem, deren letzte fünf Kilometer wir gestern abend und heute früh hochgeklettert sind. Dafür gilt sie als die spektakulärste und landschaftlich schönste Piste des Atakor, des Hoggar-Zentralmassivs. Erst zweimal bin ich diese Route gefahren, wovon das erste Mal ohnehin ein nächtlicher Kamikaze-Blindflug war (siehe „Transsahara 78").

Es kommt wieder mal anders als erwartet. Wir haben mit dem Schlimmsten gerechnet, kommen jedoch überraschend gut zurecht. Dabei ist der Zustand der ersten paar Kilometer denkbar schlecht. Nicht nur das enorme Gefälle, der Untergrund aus grobem Geröll und Felsplatten sorgen dafür, vor allem die metertiefen Auswaschungen, die von der Piste oft so gut wie nichts mehr übriggelassen haben, erfordern höchste Konzentration. Es gilt mehr als einmal, auf gerade handbreiten Felsgraten am Abgrund entlang zu balancieren, die schweren Enduros um metergroße Felsbrocken herum zu bugsieren. Im Schrittempo hoppeln wir ausgespülte Felstreppen hinunter, durchqueren tiefsandige, enge Queds, in denen noch immer Wasser, dafür kein Stückchen Piste mehr zu finden ist. Dennoch fällt uns die Talfahrt leichter als die Auffahrt von der Einmündung der Hirhafokpiste zum Assekrem. Vermutlich liegt es einfach daran, daß die größte Schwierigkeit entfällt, der Kampf mit dem ständig „steigenden" Vorderrad. Es geht ja schließlich bergab, und das meist beängstigend steil.

Vorbei am höchsten Berg des Hoggar, dem 2908 Meter hohen Tahat, erreichen wir den imposanten, 2740 Meter hohen „Zuckerhut", der dieser Piste ihren Namen gab. Nach steiler und holpriger Serpentinenfahrerei über den Geröllhang des Ilamane passieren wir eine Nomadenmoschee, wohl das aufwendigste Exemplar seiner Art: Umfriedungen und Türstöcke bestehen aus ein bis zwei Meter langen Basaltsäulen von sechseckigem Querschnitt. Hier muß wohl ein recht talentierter Steinmetz am Werk gewesen

110

sein. Zwei Kilometer weiter wird klar, daß es der beste und größte Steinklopfer der Erde war, Mutter Natur selbst: Linker Hand von uns taucht eine Felswand auf, die aus Tausenden dieser Säulen besteht. Wir klettern hinauf, besehen uns das Ganze aus der Nähe. Es ist unglaublich: Der ganze Berg setzt sich aus Stangen und Säulen zusammen, sieht von oben aus wie ein Mosaik aus suppentellergroßen Sechsecken.

Knapp 30 Kilometer unterhalb des Assekrem verläuft die Piste wieder flacher, folgt immer öfter dem Verlauf tiefsandiger Wadis. Der Sand ist so weich, so sehr von tiefen Spurrinnen zerwühlt, daß es nur zwei Möglichkeiten gibt, hier durchzufahren: langsam und mit viel Fuß- und Schiebehilfe – oder eben schnell, mit viel Gas, Mut und höchster Konzentration, denn es heißt in ununterbrochener Folge, Felsen, Bäumen und steinharten Schwemmkanten auszuweichen. Doch wir sind bestens in Übung, meistern die kilometerlangen Tiefsandpassagen mit *Speed* und ohne *Crash*. Im Schilfhüttendorf Terhenanet ist allerdings Pause angesagt. Meine Armmuskulatur zittert vor Anstrengung, der Adrenalinspiegel ist nach dieser Rallye-Einlage am Überlaufen.

Die Bewohner von Terhenanet sind recht geschäftstüchtig. Die halbe Dorfbevölkerung umringt uns, breitet Tuaregschmuck aus Leder und silberhaltigen Legierungen vor uns aus. Vor allem die älteren Frauen sind nicht mehr zu bremsen, behängen uns mit Armreifen und Ketten und reden wie zehn Wasserfälle gleichzeitig auf uns ein. Erst als wir uns einfach auf den Boden hocken, kehrt ein wenig Ruhe ein. Offensichtlich ist man hier von durchreisenden Touristen nur Hektik gewöhnt, glaubt daher, möglichst schnell etwas an den Mann bringen zu müssen. Wir können das Riesen-Tohuwabohu, das unseretwegen entsteht, zwar nicht so ganz verstehen, dafür um so mehr genießen, verbringen bald eine Stunde mit Handeln, Feilschen. Vor allem mit den Kindern gibt es wie üblich große Gaudi. Letztendlich sind wir um ein paar Dinar ärmer, um einige hübsche Souvenirs und Erinnerungen reicher.

Auch die Weiterfahrt wird nicht langweilig. Immer häufiger lockern die üppigen Pflanzengürtel kleiner Queds die hier eher düstere Felslandschaft der Hoggarausläufer erfrischend auf. Schließlich verbreitert sich die Piste, mündet als Wellblech-„Autobahn" in die Ebene. Zehn Kilometer vor Tamanrasset taucht weit vor uns wie eine Fata Morgana ein schnell fahrender LKW auf. Irgend etwas stimmt nicht mit ihm. Erst nach einigen Momenten wird mir klar, was es ist: Er zieht keine Staubfahne hinter sich her. Wenig später haben wir die Asphaltstraße erreicht. Ein eigenartiges Gefühl, nach elf einsamen Tagen und exakt 1055 Kilometern plötzlich Teer unter den Rädern zu spüren, von einer richtigen Stadt mit Verkehrsgewühl, Umleitungen und Baustellen empfangen zu werden!

Unser Benzin ist so gut wie aufgebraucht. Wir halten an der Tankstelle kurz nach dem Stadttor von Tam. Bis weit in die Straße reicht die Schlange der Wartenden. Sollte der Sprit knapp sein? Für Tamanrasset äußerst ungewöhnlich.

Während der Warterei erfahren wir den Grund: In rund einer Woche wird die Rallye Paris–Dakar erwartet. Das Benzin kostet dann statt drei Dinar pro Liter sage und schreibe dreißig! So hamstern nicht nur Tankwarte, sondern die meisten motorisierten Bewohner von Tamanrasset in Erwartung des großen Geschäfts genauso wie aus Angst, auf dem Trockenen zu sitzen. Als wir nach über einer Stunde endlich dran sind, heißt es dann auch noch, es würden nur Tanks, nicht aber Kanister vollgemacht.

Nur durch Umfüllen ist hier Abhilfe zu schaffen. Für Wolfi und Mike, die von hier via Hoggarpiste nach Niger wollen, bedeutet das noch dreimal anstellen. Je 60 Liter benötigen sie für die knapp 900 Kilometer bis Agadez, denn die Tankstelle im Grenzort In Guezzam soll schon seit Tagen kein Benzin mehr verkaufen.

Susanne, Christophe und ich wollen am Weihnachtsabend von hier in Richtung Timiaouine aufbrechen, danach über die Tanez-rouftpiste nach Mali, reichlich 1200 Kilometer insgesamt, davon 650 Kilometer ohne Benzinversorgung. Zum Glück fassen unsere Tanks knapp 30 Liter. So werden wir uns nur einmal anstellen müssen. Heute haben wir dazu allerdings keine Lust mehr.

Erst einmal fahren wir zum Campingplatz *Hotel Dassine* am östlichen Stadtrand, fallen aus allen Wolken, als wir die Menschenmassen sehen, die dort campieren. Trotzdem ist es natürlich angenehm, mal wieder mit anderen Touristen, insbesondere Motorradfahrern, zu sprechen. Mindestens zwanzig „Biker" bevölkern das weitläufige Zeriba- und Camping-„Hotel". Erst vor zwei Jahren hat das *Dassine* die Nachfolge des abgebrannten alten *campement* angetreten. Es übertrifft den Platz, auf dem wir 1978 über eine Woche hausten, in Komfort und Sauberkeit bei weitem. Das Wasser fließt sogar aus richtigen Duschen, allerdings nach wie vor nur wenige Stunden pro Tag. Die Wasservorkommen von Tamanrasset reichen für das unglaublich schnelle Wachstum der Stadt einfach nicht aus.

Am nächsten Vormittag fahren wir zum Tanken. Nichts geht mehr, der Benzinverkauf ist eingestellt. Auch an der zweiten *Station d'essence* dasselbe. Morgen früh ab sechs Uhr gäbe es noch mal Benzin, erfahren wir. Das kann ja heiter werden.

Am Morgen des 24. Dezember 1984 stehen wir eine Stunde vor Sonnenaufgang vor Kälte schlotternd an der Tankstelle neben der Südausfahrt von Tam. Ungefähr zwanzig Fahrzeuge sind vor uns, ausschließlich Einheimische. Fast jede Minute verlängert sich hinter uns die Schlange um ein Vehikel, und um sieben ist dann auch fast der ganze Campingplatz eingetroffen. Der Tankwart allerdings schläft noch immer in seiner Bude den Schlaf des Gerechten. Allmählich kommt Unruhe in die Masse der wartenden Algerier und Touristen. Da öffnet sich um halb acht die Tür, und ein kleiner, fetter Araber in einem riesengroßen Burnus blinzelt verschlafen in die Sonne, gähnt und streckt sich, ehe er zur ersten Zapfsäule schlurft, im Faultiertempo das Schloß aufsperrt.

Was dann kommt, macht uns wütend und ratlos zugleich: Fast jeder der anstehenden Algerier zieht plötzlich ungeahnte Mengen von Kanistern aus Kofferräumen und von Ladeflächen, drückt dem kleinen Fettsack einen Schein nach dem anderen in die Hand. Eine gute Stunde vergeht so mit dem Auffüllen unzähliger Kanister. Noch kein halbes Dutzend Fahrzeuge ist abgefertigt. Wir sehen uns schon wieder ohne Benzin abziehen, den Weihnachtsabend nun doch auf dem Campingplatz verbringen, als ein fast neuer Toyota mit dem Emblem der staatlichen Mineralölgesellschaft NAFTAL vorfährt und mit quietschenden Reifen abbremst. Ein hochgewachsener Mann springt heraus, stürmt wutentbrannt auf den Tankwart zu, reißt ihm die Zapfpistole aus der Hand und brüllt ihn in Grund und Boden. Die Schimpfkanonade nimmt überhaupt kein Ende, richtet sich dann plötzlich an die Wartenden. Mit einem Dutzend Fußtritten kickt er die in Reih und Glied aufgestellten Kanister durch die Gegend, daß es eine wahre Pracht ist. Bei drei deutschen Touristen, die an der Einfahrt gerade auf einem Benzinkocher Kaffee brutzeln, löst das Geschehen einen Heiterkeitsausbruch aus. Das war ein Fehler. Denn nun wird der „Chef" auf sie aufmerksam und rastet endgültig aus: Ob sie wahnsinnig geworden seien, auf dem Gelände einer Tankstelle Feuer anzuzünden? Ein Fußtritt von beeindruckender Gewalt läßt den Kocher samt Wassertopf gut zehn Meter weit bis auf die andere Straßenseite fliegen. Immer noch vor Wut schnaubend, verschwindet der Mann unter einigen letzten Schimpftiraden in Richtung des völlig verschüchterten Tankwarts im Gebäude.

Der weitere Benzinverkauf verläuft erst mal recht ordentlich. Trotz zugesteckter Geldscheine und Protest der Wartenden füllt der Tankwart nun keine Kanister mehr. Wir können uns großer

Schadenfreude nicht erwehren und sind, was unsere heutige Abreise betrifft, wieder recht optimistisch.

Als nur noch fünf Fahrzeuge vor uns sind, geht das Theater plötzlich wieder von vorn los. Geldscheine wandern heimlich von hohler Hand in vollen Burnus, Kanisterreihen schieben sich vor die Zapfsäule. Zudem wird der Benzinstrahl immer dünner. Im Schauglas ist nur mehr Schaum zu sehen. Viel scheint nicht mehr übrig zu sein.

Jetzt packt mich die kalte Wut. Rabiat drängle ich mich vor, drohe dem Tankwart lautstark damit, den „Chef" zu holen, wenn er nicht sofort aufhöre, Kanister zu betanken. Die Wirkung ist phänomenal. Das folgende Chaos auch. Zehn Leute schreien und fuchteln durcheinander, reden auf mich und den Tankwart ein. Ich befürchte schon, zu weit gegangen zu sein. Doch der Erfolg zeugt vom Gegenteil. Alle vier dürfen wir unsere Maschinen vorschieben. Ohne weiteres Aufheben werden unsere Tanks aufgefüllt. Offenbar will man die Störenfriede so schnell wie möglich loswerden.

Wir fahren von der Tankstelle zum Campingplatz, packen in Rekordzeit zusammen und brausen zu Zoll und Polizei. Nichts wie raus aus der Stadt! Doch es sieht nicht gut aus: Vor dem Zollgebäude stehen zwei Dutzend Touristenfahrzeuge. Innen herrscht unbeschreibliches Gedrängel. Zwei Beamte sitzen an ihrem Schreibtisch. Der eine blättert ohne Eile in den Pässen der Wartenden, der andere dreht Däumchen. Wegen des Andrangs sehen wir die kleinen Schilder auf den beiden Schreibtischen erst nach einer Weile. *In Guezzam* steht auf dem einen, *Timiaouine* auf dem des arbeitslosen Zöllners. Wir sind tatsächlich die einzigen, die Tam in diese Richtung verlassen wollen. Viel Verkehr erwartet uns auf der Piste nach Timiaouine also nicht. Wir haben nichts dagegen. Der Rummel geht uns langsam auf die Nerven.

Zehn Minuten später sind wir fertig, verabschieden uns von Mike und Wolfi, die erst morgen in Richtung Kapstadt starten werden. Immerhin fast vier Wochen sind wir zusammen gefahren. Es war eine gute Zeit. „Viel Glück und fröhliche Weihnachten!" rufen wir uns noch zu.

Von Tamanrasset nach Timiaouine: Wüstenbegegnungen

Ein ungewohntes Gefühl, wieder zu dritt zu sein, nur noch auf ein anderes Motorrad aufpassen zu müssen. Wir fühlen uns ein wenig verlassen, nicht zuletzt, weil uns die vor uns liegende, offenbar sehr einsame Strecke doch erheblichen Respekt einflößt. Zudem sind es reichlich 1200 Kilometer Piste bis zur nächsten Teerstraße, bis zur malinesischen Stadt Gao. Wie viele Tage werden wir wohl bis in die legendäre Sahel-Metropole am Niger brauchen? Noch eine Woche dauert das Jahr 1984. Vielleicht schaffen wir es, das Ende der Saharadurchquerung und Silvester gleichzeitig zu feiern, am Ufer des Stromes Niger Sektkorken oder wenigstens Kronkorken knallen zu lassen.

Doch bis dahin liegt noch einiges vor uns. Zumindest Benzinprobleme dürften uns mit ein wenig Glück erspart bleiben. Die Tankstelle im algerischen Grenzort Timiaouine, genau auf halber Strecke, wird zwar nur alle zehn Tage einmal mit Benzin versorgt, allerdings ist angeblich erst gestern ein Tanklaster von Tam dorthin gestartet. Wenn er keine Panne hat, wenn wir nicht zu spät kommen, sollten sich die je 40 Liter, die wir zwischen Timiaouine und Gao benötigen, auftreiben lassen.

Vierzig Kilometer folgen wir von Tam der geteerten Straße nach Norden. Sie sind schlechter zu fahren als jede Piste. Riesige

Löcher, Rinnen, Kanten und hartes Asphalt-Wellblech lassen uns geradezu erleichtert aufatmen, als hinter dem Ort Tit endlich die Abzweigung auf die Piste nach Timiaouine auftaucht. Weit wollen wir heute eigentlich nicht mehr fahren, zumal in unserem Reiseführer die Strecke von Tit nach Silet als „schauerlich staubig und holprig" beschrieben wird. Das müssen wir uns am Weihnachtsabend nicht unbedingt noch antun. Wir nehmen uns vor, möglichst bald ein schönes Plätzchen und Feuerholz für einen gemütlichen „Heiligen Abend" zu suchen.

Doch landschaftliche Reize tauchen genauso wenig auf wie Geländeschwierigkeiten. Meine Tenere und auch die TT 500 von Chris sind ja inzwischen auch um vieles leichter als noch beim Start in Hassi bel Gebbour. Von sechs 10-l-Kanistern sind nur noch drei übriggeblieben, einer für Benzin, zwei für Wasser.

Also lassen wir es laufen, sind keine zwei Stunden nach Verlassen der Hoggarstraße in der 90 Kilometer entfernten Garnisonstadt Silet. Das trostlose Kaff animiert weiß Gott nicht zum Verweilen. Die obligatorische Paßkontrolle zwingt uns allerdings dazu. Fast eine Stunde hocken wir in dem kleinen Polizei-Kabuff, während der freundliche, aber offenbar schrecklich gelangweilte Polizist Buchstabe für Buchstabe unserer Personalien in ein großes Buch hineinmalt. Auch für uns spielt Zeit schon lange nicht mehr die Rolle, wie sie es zu Hause tut. Bis zur Dämmerung sind es noch fast zwei Stunden, mehr als genug, um irgendwo in der Umgebung von Silet ein Plätzchen zum Übernachten zu suchen.

Die „Tapeten" des Zimmers sind ebenso interessant wie makaber: Unmengen von Steckbriefen kleben an den windschiefen und grob verputzten Wänden, gesuchte Verbrecher, entflohene Sträflinge, nicht identifizierte Leichen und vermißte Touristen, darunter auch zwei junge Deutsche. Das Plakat ist überholt. Ich erinnere mich an die traurige Geschichte der beiden Münchner 2-CV-

Fahrer. Vor unserer Abreise war in den deutschen Zeitungen vom Tod des einen, der Rettung des anderen in letzter Sekunde zu lesen.

Wir nutzen die Gelegenheit natürlich auch, um nach Benzin zu fragen, denn sicher ist sicher. Daß die kleine Tankstelle von Silet wie erwartet keinen Sprit hat, haben wir schon bei der Einfahrt in den Ort bemerkt. Doch Polizei und Militär sollten über Reserven verfügen. *„On a seulement de gasoil."* Natürlich, man fährt Dieselfahrzeuge.

Der steinerne Wegweiser am Ortsende von Silet ist ebenso riesig wie verwirrend. Namen und Pfeile in alle Richtungen, rundherum jede Menge Abzweigungen. Egal, wir nehmen irgendeine, wollen nur ein paar Kilometer raus aus dem Ort. Um die Orientierung kümmern wir uns morgen.

Ein kleines Qued mit Bäumen und Büschen zwischen großen Kugelfelsen wird unser Übernachtungsplatz. Schon bald ist es dunkel, ein Akazienholzfeuer prasselt zwischen den Steinen, Chris dreht mit entrücktem Blick einen selbstgeschnitzten Spieß, auf dem die in Tam gekaufte Lammkeule steckt. Der köstliche Duft des mit Knoblauch und Kreuzkümmel gewürzten, auf offenem Feuer garenden Fleisches verbreitet sich in der noch immer lauen Abendluft. Es ist windstill und die wohl wärmste Nacht der bisherigen Reise.

Der Weihnachtsbraten könnte nicht besser schmecken. Auch das Kartoffelpüree aus der Tüte und der algerische Wein sind nicht zu verachten.

Nach dem Essen findet sogar eine Bescherung statt: Die in Weihnachtspapier eingewickelten Päckchen stammen von den daheimgebliebenen Freunden und Verwandten, die in Tempotaschentücher und Klopapier verpackten aus Tamanrasset.

Was zu Hause nicht viel mehr ist als ein pervertiertes Kommerzspektakel, wird hier in der Einsamkeit der Wüste zum stimmungsvollen Erlebnis: Weihnachten. Ich suche in unserem kleinen Kurzwellen-Empfänger die Deutsche Welle. Klar und ohne Störgeräusche erklingt *Stille Nacht* aus dem kleinen Radiogerät.

Der erste Weihnachtsfeiertag beginnt mit unerwartetem Orientierungsstreß. Von unserem Lagerplatz waren wir noch einmal zum Wegweiser nach Silet zurückgefahren, hatten uns mangels Eindeutigkeit der Beschilderung vorsichtshalber an einen Soldaten gewandt, der gerade mit seinem klapprigen Landrover des Weges kam. Ratlos vor dem allgemeinen Pisten- und Abzweigungsgewirr stehend, kam uns sein eindeutiger Fingerzeig in Richtung Südwesten recht überzeugend vor.

Weihnachten in der Wüste

Und nun, 60 Kilometer weiter, stehen wir vor der Entscheidung: weiterfahren oder umkehren. Vor uns sind keinerlei Spuren mehr zu erkennen. Die wenigen, immer dünner werdenden Reifenabdrücke, denen wir bis hierher gefolgt sind, haben sich endgültig in Luft aufgelöst bzw. sind im getrockneten Schlick verschwunden.

Schon seit einer Weile ist uns klar, daß wir uns nicht auf dem normalen Weg nach Westen, der markierten Piste durch das Qued Amded befinden, sondern auf der alten Route durch das Qued Adjelman. In unserem Reiseführer ist diese schon seit langem nicht mehr benutzte Strecke in umgekehrter Fahrtrichtung beschrieben. Daß die Spuren vollends aufhören, damit haben wir nicht gerechnet.

In diesem wunderschönen, dicht mit saftigen, gelbgrünen Kalotropis-Bäumen bewachsenen Wadi müssen wir eine Entscheidung fällen, bevor es zu spät ist. Vor uns verengt sich der Trockenfluß zur Schlucht, bizarre, aus senkrecht geschichteten schwarzen Schieferplatten bestehende Hügel begrenzen rechter Hand die Sicht, ein von gelbem Sand bepuderter Basaltbuckel unsere Sicht zur Linken. Drei Gazellen sind noch vor einer Minute wie auf Spiralfedern vor uns hergehüpft.

Wirklich ein selten malerisches Fleckchen Wüste, doch wir können es nicht so recht genießen. Ab jetzt haben wir offensichtlich spurenloses Gelände vor uns, mindestens 120 Kilometer, vorausgesetzt, wir finden auf Anhieb den richtigen Weg zum Karawanenbrunnen von Tim-Missao und damit die Hauptpiste. Möglicherweise erwartet uns eine orientierungstechnisch „harte Nuß", denn wir haben von dieser Gegend nur relativ ungenaue Karten dabei. Die detaillierten IGN-Karten im Maßstab 1:200 000 waren in Deutschland einfach nicht aufzutreiben gewesen.

Wollten wir auf Nummer Sicher gehen, müßten wir unseren Spuren entlang nach Silet zurückfahren. Dies würde aber auch zugleich bedeuten, daß wir die 130 Kilometer bis nach Tam zum Tanken zurückkehren müßten. Denn nach zweimal 60 Kilometer Umweg reicht unser Sprit nicht mehr für die 450 Kilometer von Silet nach Timiaouine.

Wir stimmen ab, entscheiden uns alle für das „Vorwärts", allerdings nicht, ohne dies auf den nächsten 50 Kilometern mehrmals zu bereuen. So malerisch die Landschaft der dicht bewachsenen Queds für das Auge erscheint, so nervenzerfetzend ist es, in dem mit zahllosen Hindernissen garnierten Tiefsand zu fahren. Der Untergrund ist so weich, daß nur mit mindestens 50 km/h an Vorankommen zu denken ist. Dieses Tempo erfordert in dem dicht bewachsenen Qued einen Zickzackkurs von riesenslalomähnlicher Streckenführung.

Als Chris nach einem Beinah-Zusammenstoß mit einer dicken Tamariske schwer stürzt, wird uns das enorme Risiko eines Unfalls oder Motorschadens in dieser verlassenen Gegend bewußt. Ein anderes Fahrzeug dürfte hier kaum jemals vorbeikommen, zumindest nicht in einer Zeitspanne, die wir überleben könnten. Im Falle eines Unglücks müßte einer von uns alleine losfahren, um Hilfe zu holen. Passiert unterwegs auch ihm etwas, ist es so gut wie aus.

Zum Glück sind weder Christophe noch Motorrad ernsthaft lädiert, unser Nervenkostüm ist es dafür mit jedem Kilometer mehr. Trotz regelmäßiger Kompaß-Navigation sind wir uns inzwischen nicht mehr ganz sicher, richtig zu sein. Die Durchquerung einer Bergkette zwingt uns schließlich zu kilometerlanger Fahrt in eine völlig falsche Richtung, nach Südosten. Wir finden keinen Durchgang, müssen immer wieder am Ende unpassierbarer Schluchten umdrehen. Als wir nach abenteuerlichen Kletter-einlagen schließlich doch auf der anderen Seite des Höhenzugs angelangt sind, auf eine weite, erhebungslose Ebene vor uns blicken, fällt es uns nicht leicht, die aufsteigende Panik zu bekämpfen: Der in unserer Beschreibung erwähnte markante Doppelberg namens Adrar Isket ist weit und breit nirgendwo zu sehen. Wir müssen vollkommen verkehrt sein!

Von hier, über 100 Kilometer nach Silet, gibt es kein Zurück mehr. Was sollen wir tun? Wir haben nur eine Möglichkeit: konstant in Richtung Nordwesten zu fahren, bis wir die Hauptpiste nach Timiaouine kreuzen.

Wir verlassen die Ausläufer der Bergkette, fahren einige Kilometer hinaus auf die Ebene und folgen dem breiten Vegetationsgürtel eines riesigen Queds nach Nordwesten. Schon nach kurzer Zeit glauben wir, unseren Augen nicht zu trauen. Der gesamte, kilometerbreite Pflanzenstreifen in der Mitte des großen Trockenflusses ist eine gigantische Kamelweide. Zig Kilometer weit fahren wir von einer Kamelherde zur nächsten. Noch nie habe ich so viele dieser Tiere auf einmal gesehen. Wir versuchen anhand der Kopfzahl der einzelnen Gruppen, der Breite und Länge des Wadis die Menge zu schätzen, kommen auf ein Minimum von mehreren tausend Tieren. Dieses phantastische Erlebnis lenkt uns ein wenig von dem nagenden Angstgefühl ab, daß wir uns endgültig verfahren haben. Wir halten immer wieder an, beobachten die herrlichen Tiere beim Fressen. Zahllose, zum Teil winzige Kälber sind darunter.

Plötzlich deutet Susanne auf die zerklüftete Bergkette, die wir vorhin passiert haben und die inzwischen weit hinter uns am nordöstlichen Horizont zu sehen ist. Deutlich überragen zwei markante, nebeneinanderstehende Gipfel die anderen Erhebungen. Sollte dieser Bergzug etwa der Adrar Isket sein? Knapp zehn Kilometer weiter bestätigt sich die Vermutung: Nur noch die beiden Hauptgipfel überragen den Horizont, ein bildschöner Doppelgipfel. Dann sind wir also doch richtig gefahren, befinden uns somit im Qued Tamanrasset, das rund 300 Kilometer von hier unterhalb von Tam beginnt.

Orientierung mit Karte und Kompaß

170 Kilometer nach Silet erreichen wir eine breite, markierte Wellblechspur, die Hauptpiste nach Timiaouine, wenig später ein Steinhäuschen, den „Wegweiser" zum Brunnen von Tim-Missao. Von Einsamkeit keine Spur hier, es geht zu wie auf einem Jahrmarkt. Ein größerer Nomaden-Klan scheint mit seinem Hab und Gut am Brunnen Standquartier bezogen zu haben. Mehr als ein Dutzend großer Lederzelte, Berge von Gepäck, zahlreiche Kamele, Ziegen und Hunde deuten darauf hin.

Die Mehrzahl der Leute ist schwarz, ein sicheres Zeichen, daß sie nicht aus dem Hoggar und aus Algerien stammen, sondern aus Mali. Es sind offenbar Tuareg vom Stamme der Iforas.

Die meisten nehmen nur am Rande Notiz von uns, doch ein rundes Dutzend buntgekleideter, mit schwerem Silberschmuck behängter Frauen und einige verschleierte Männer kommen zu uns herüber, versammeln sich um uns, während wir absteigen und die „Motorrad-Rüstung" ausziehen.

Nach der üblichen Begrüßungszeremonie kommt man schnell zur Sache. Es gilt, eine große Anzahl von Wehwehchen und Blessuren zu verarzten. So gut es geht, versuchen wir mit unserer, zum Glück äußerst reichhaltigen Bordapotheke zu helfen, verabreichen große Mengen von Augen- und Ohrentropfen, leichten Schmerzmitteln, Verbands- und Desinfektionsmaterial.

Ehe wir mit unserer „Wüstensprechstunde", dem obligatorischen Tee und dem Auffüllen unserer Wasserkanister fertig sind, steht die Sonne reichlich tief. Doch diesmal werden wir nicht bei den Nomaden übernachten. Von hier bis Timiaouine ist es mit knapp 300 Kilometern für eine Tagesetappe zu weit.

Wir wollen morgen dort ankommen, müssen also in der Stunde vor Einbruch der Dunkelheit noch ein Stück fahren.

Fünfzig Kilometer weiter verbringen wir in einer von silbrigen Grashalmen bewachsenen Schwemmtonpfanne die Nacht. Wieder ist es bis spät am Abend angenehm warm. Wir scheinen dem Winter nun endgültig entkommen zu sein.

Als so einsam, wie wir anfangs glaubten, erweist sich die Piste nach Timiaouine nun doch wieder nicht. Gleich zweimal treffen wir im Laufe des Vormittags ein anderes Fahrzeug, allerdings keine Touristen, sondern malinesische LKW. Die riesigen Klapperkisten halten jedoch nicht an. Schier unglaublich überladen, nicht nur mit Gepäck, sondern vor allem auch mit Passagieren, können sie das auf der butterweichen Sandpiste wohl nicht riskieren: Die Fesch-Fesch-Löcher sind genauso endlos wie bodenlos, und Allradantrieb ist für die Chauffeure der LKW-Oldtimer wohl etwas, was sie nur vom Hörensagen kennen. So brettern sie durch den Staub, daß sich die vielen Passagiere auf der offenen Ladefläche wirklich mit allen vieren festhalten müssen. Es sind

Staubige Reise von Mali nach Algerien

ausnahmslos Schwarze. Das erkennt man allerdings mehr an der Gesichtsform als an der Hautfarbe. Die ist nämlich von einer dicken, hellgelben Fesch-Fesch-Schicht verfälscht.

So sehen also die berüchtigten Gastarbeitertransporte von Mali nach Algerien aus. Daß diese Höllentrips nicht immer gut enden, bekommen wir wenig später, ein Stück abseits der Piste, drastisch vor Augen geführt. Der kleine schwarze Punkt am Horizont, den wir zuerst für die Überreste eines Unfall-LKWs halten, ist zwar wirklich ein Wrack, aber ein bewohntes. Unglaublich, aber wahr: Mindestens fünfzig Menschen liegen und hocken unter und um den Wagen herum. Bei unserem Anblick springen einige auf, taumeln mehr, als daß sie rennen in unsere Richtung. Ich kann mich nicht erinnern, auf meinen ganzen Reisen je Afrikaner gesehen zu haben, die so am Ende ihrer Kräfte und Nerven waren. Kein bißchen ist mehr übrig von der schwarzafrikanischen *coolness* und Lässigkeit.

Es ist verständlich: Seit sage und schreibe zehn Tagen warten sie neben ihrem Autowrack schon auf Hilfe. Alles, was sie noch haben, ist ein großes Faß brackigen Wassers und einige Säcke mit uraltem Brot und verfaultem Gemüse. Die Vorderachse des Lasters ist abgerissen. Der Fahrer ist vor zehn Tagen losgelaufen in Richtung Piste, wollte einen anderen LKW anhalten, mit ihm ins fast 1000 Kilometer entfernte Gao trampen, dort eine neue Achse und ein anderes Fahrzeug besorgen.

Die Situation wird langsam prekär, denn so weit neben der Piste kommt nur äußerst selten jemand vorbei. Genau gesagt dreimal bisher, ebenfalls alles „Sklaventransporte". Wasser und ein wenig Essen war alles, was von den Kollegen an Hilfe zu erhalten war. Nicht für Geld und gute Worte waren die Chauffeure der anderen *Never come back*-Busse bereit, auch nur einen der Havaristen mitzunehmen. Anscheinend ist man froh, auf dem Arbeitsmarkt von Tam fünfzig Konkurrenten weniger befürchten zu müssen.

Man fragt uns immer wieder, ob denn wirklich kein Auto hinter uns komme, kann es nicht fassen, daß wir ganz alleine unterwegs sind. Wir verteilen, was wir haben. Es ist nicht viel: Kekse, Nudeln und Medikamente, dazu fast unser ganzes Wasser bis auf eine Notreserve von drei Litern. Doch damit müßten wir auf den nur noch 100 Kilometern nach Timiaouine auskommen.

Wir versprechen, in dem Ort Hilfe zu organisieren. Besonders optimistisch scheint das jedoch niemanden zu stimmen. Die

Malinesen sind sich ihres Stellenwerts bei den algerischen Behörden offenbar bewußt. Wer kümmert sich schon um ein paar verdurstende, schwarze Gastarbeiter? Wir werden unser möglichstes versuchen.

Eine Stunde später begegnen wir auf der Hauptpiste einem weiteren LKW und halten ihn an. Er ist nahezu leer. Nur vier Leute im Führerhaus und weitere fünf auf der Ladefläche, dazu Fässer, Säcke und eine komplette Vorderachse! Sollte das etwa der Rettungswagen unserer „Schiffbrüchigen" sein? Er ist es.

Der Chauffeur nimmt die Sache leicht und kocht erst einmal Tee, nachdem wir ihm vom Stand der Dinge berichtet haben. Auf ein paar Stunden mehr kommt es ihm nicht an. Kein Wunder, daß er bis hierher zehn Tage gebraucht hat. Wir füllen unsere Wasserkanister wieder auf und setzen unsere Fahrt mit einem Gefühl der Erleichterung fort.

Keine 20 Kilometer vor Timiaouine, es ist bereits später Nachmittag, geht Christophe das Benzin aus. Gerade hatten wir uns nach der öden Fesch-Fesch- und Sand-Monotonie der heutigen Fahrt über das Erreichen der Iforas-Berge gefreut, waren mit Genuß auf der engen und gewundenen Piste über die nördlichen Ausläufer der riesigen Berglandschaft gekurvt. Und nun das! Auch ich fahre schon reichlich lange auf Reserve. Wir überlegen, ob es nicht sinnvoll wäre, nur ein Motorrad mit dem restlichen Benzin zu betanken. Für einen reicht es mit Sicherheit bis Timiaouine. Wenn die Tankstelle dort jedoch geschlossen ist oder noch kein Benzin hat, sind und bleiben wir erst mal getrennt. Aus diesem Grund entscheiden wir uns dafür, gemeinsam weiterzufahren, notfalls gemeinsam liegenzubleiben. Aber vielleicht reicht es ja noch.

Der restliche Sprit wird aufgeteilt, sogar fast der gesamte Inhalt unserer beiden Benzinkocher in die Tanks geleert. Im dritten

Gang tuckern wir mit kaum mehr als Schrittempo und fast geschlossenem Gasgriff auf Timiaouine zu. In Sichtweite des Ortes stirbt der Motor meiner Tenere ab. Ich lege sie auf die Seite, versuche die letzten Tropfen in den Vergaser laufen zu lassen. Es klappt noch einmal. Nach dem zehnten Tritt auf den Kickstarter springt die Maschine an. Die letzten 50 Meter hilft nur noch Schiebeeinsatz.

Der Ort ist so tot wie die Tankstelle geschlossen. Timiaouine macht den Eindruck einer Geisterstadt. Wir lassen uns neben der Zapfsäule häuslich nieder, werden hier so lange warten, bis es Benzin gibt.

Ein deprimierend trostloses Kaff: ein großer staubiger Platz, links die Tankstelle und eine Kaserne, rechts eine Ansammlung von halbverfallenen Gebäuden, kein Fahrzeug, kein Mensch weit und breit. Letzteres allerdings nicht lange, denn fünf Minuten später sind wir umringt von einer Schar schwarzer Kinder. Deren Verfassung ist so erbärmlich, wie ich es in Algerien noch nie gesehen habe: aufgedunsene Hungerbäuche, schwärende Wunden, von Fliegen bedeckte Augen, Nasen und Münder. Nackt oder in völlig verdreckten und zerfetzten Lumpen umringen sie uns. Ihre Gesichter wirken alt, verlebt und verbittert. Das übliche *cadeau*-Gebettel hört sich nicht – wie gewöhnlich – frech und fröhlich an, sondern elend, weinerlich und auch aggressiv. Wir verteilen, was wir noch an Luftballons und Keksen haben.

Ein algerischer Polizist kommt aus der Kaserne, vertreibt die Kinderschar mit Steinwürfen und Fußtritten. Das also ist Timiaouine, ein Elendslager für malinesische Sahel-Flüchtlinge.

Benzin gibt es heute keines mehr, meint der Beamte. Wir sollten uns einen Übernachtungsplatz außerhalb des Ortes suchen. Wie denn? Sollen wir unsere Maschinen über die Piste schieben? An der Tankstelle dürfen wir jedenfalls nicht übernachten. Der Polizist verschwindet mit unseren Pässen in der Kaserne, kommt wenig später mit einem Kollegen wieder. Wir sollen die Motorräder in den Innenhof schieben, unsere Zelte dort aufbauen. Im Gegensatz zu den beiden Algeriern, die offensichtlich die Nacht durchmachen wollen, sind wir todmüde. Es bedarf demonstrativen Gähnens, bis sie endlich verstehen, daß wir schlafen wollen.

Von Timiaouine nach Tessalit: die Flucht

Mitten in der Nacht wachen wir durch Motorengeräusch auf. Ich spitze aus dem Zelteingang hinaus: Ein grauer Polizei-Geländewagen kommt in den Hof gefahren, bremst mit blockierenden Rädern ab und parkt unmittelbar neben uns. Im staubvernebelten Strahl der Scheinwerfer sehe ich einen hochgewachsenen, uniformierten Araber aussteigen, einmal um unser Lager gehen und anschließend in einem der Gebäude verschwinden. Was dann zu hören ist, läßt uns schleunigst in unsere Klamotten springen und aus dem Zelt krabbeln: lautes Schimpfen, ja Brüllen! Kurz darauf kommen die beiden Polizisten von gestern und der Neuankömmling heraus, erstere im Laufschritt voraus, der andere heftig gestikulierend hinterher.

Wir können es nicht fassen: Man wirft uns buchstäblich aus der Kaserne. Nicht einmal mehr zusammenpacken dürfen wir, müssen in Windeseile unser ganzes Gepäck inklusive der noch aufgebauten Zelte auf den Platz zwischen Polizeigebäude, Tankstelle und Dorf schleifen, anschließend die Motorräder hinausschieben. Wir sind völlig perplex, können nur ahnen, was der Grund für diese Aktion ist. Vielleicht hätten wir doch lieber außerhalb des Ortes übernachten sollen? Scheppernd und quietschend fällt das blecherne Tor der Kasernenhofeinfahrt hinter uns zu.

An Weiterschlafen ist nicht mehr zu denken. Ohnehin hellt schon ein schwacher roter Schimmer den Horizont auf. Es ist nicht mehr lang bis Sonnenaufgang. Wir packen erst mal zusammen, kochen auf unserem kleinen Benzinkocher einen starken Tee. Um sieben Uhr schlurft eine vermummte Gestalt über den Platz auf die Tankstelle zu. Umständlich kramt sie in ihrem zerlumpten Burnus nach einer langen Schnur. An dessen Ende hängt der Schlüssel für die Zapfsäulen. Es gibt Benzin! Wir springen auf, schieben unsere Maschinen hinüber zur Zapfsäule. Wenigstens dieses Problem ist nun erledigt. Bleibt die Frage, wie wir wieder an unsere Pässe kommen. Denn die liegen in der Schreibtischschublade des Polizeibüros.

Wir parken vor dem Eingang des kleinen Lehmgebäudes. Sofort kommt einer der beiden Polizisten von gestern herausgeschossen, befiehlt uns, die Motorräder woanders hinzustellen. Das kann ja heiter werden. Wir schieben die Bikes zwanzig Meter weg, betreten mit einem unguten Gefühl im Magen das Büro. Man nimmt erst mal zehn Minuten keinerlei Notiz von uns, es wird lautstark palavert.

„Was wollen Sie?" kommt es dann plötzlich wie aus der Pistole geschossen von dem größeren der beiden.

„Unsere Pässe und weiterfahren", antworte ich. Es folgt minutenlanges Blättern in unseren Pässen.

„Wohin?"

„Nach Mali."

Er blättert weiter, schweigt, dreht sich zu seinem Kollegen um und erzählt ihm mit spöttischem Blick in unsere Richtung etwas in arabischer Sprache. Der andere antwortet im selben Ton.

„Was gibt es für Probleme?" frage ich.

Er wirft einen eigenartigen, bedauernden und zugleich aggressiven Blick auf uns, bleibt mit seinen Augen an Susanne hängen, mustert sie mit unverhohlener Gier von oben bis unten.

Mir fällt es wie Schuppen von den Augen: Natürlich ist es strengstens verboten, Zivilisten innerhalb einer Kaserne kampieren zu lassen. Die beiden haben sich über dieses Verbot hinweggesetzt, vermutlich in der Hoffnung, durch die Anwesenheit von Susanne angenehme Abwechslung in ihr frauenloses Dasein zu bringen. Jetzt verstehe ich auch, warum sie uns gestern abend nicht mehr von der Pelle gerückt sind und sich mit geradezu aufdringlicher Liebenswürdigkeit insbesondere um Susanne gekümmert haben. Ihr unerwartet früh zurückgekehrter Chef hat ihnen einen Strich durch die Rechnung gemacht. Hoffentlich müssen wir das jetzt nicht mit ausbaden.

„Keine Probleme", meint der Polizist, beginnt damit, unsere Personalien in sein dickes Buch einzutragen. Wir scheinen noch mal Glück gehabt zu haben.

Susanne und ich sind bereits abgefertigt, da betritt plötzlich der Chef das Büro, nimmt den Paß von Christophe vom Schreibtisch und beginnt darin herumzublättern.

„Wo wollen Sie hin?" fragt er, mustert Chris sichtbar geringschätzig von oben bis unten. Vor allem seine langen Haare scheinen ihm besonders zu mißfallen.

„Nach Mali." Kurzes Schweigen.

„Mali? Sie müssen zurückfahren nach Tamanrasset." Wir glauben im ersten Moment, uns verhört zu haben. „Ihr Visum ist unleserlich", meint der Alleinherrscher von Timiaouine, „es muß auf der Wilaya von Tamanrasset neu ausgestellt werden." Sagt's, gibt dem Paß mit einer scharf gesprochenen Anweisung seinem Untergebenen, steigt in seinen Toyota und braust in einer riesigen Staubwolke davon.

Das darf doch wohl nicht wahr sein? Wir sollen die fast 700 Kilometer nach Tam zurückfahren? Freilich ist der Paß von Chris nicht gerade druckfrisch, wurde schon diverse Male versehentlich „eingeweicht". Von unleserlich kann aber keine Rede sein, die

Schrift ist nur etwas blaß. Doch es hilft kein Reden und kein Bitten, der Chef hat gesprochen.

Draußen auf dem inzwischen sonnendurchglühten Platz überdenken wir unsere Lage. Nach Tam wollen wir alle nicht zurück. Ich kann es auch gar nicht, denn in zwei Wochen muß ich von der malinesischen Hauptstadt Bamako nach Ostafrika fliegen, das Ticket habe ich bereits in der Tasche. Ein zweimonatiges und hochbezahltes Engagement als Stunt-Double bei einer Filmproduktion ist der Grund dafür. Es wäre schlichtweg eine Katastrophe, wenn ich nicht rechtzeitig in Nairobi eintreffen würde. Jetzt wieder nach Tam zurückzufahren würde diesen Fall höchstwahrscheinlich eintreten lassen, zumindest den Rest der Reise in eine material- und nervenzerfetzende Hetztour verwandeln. Es gibt nur eine Möglichkeit, aus dem Dilemma rauszukommen: illegale Ausreise!

Susanne ist dafür. Auch sie will schließlich mit nach Kenia fliegen. Für Chris ist es eine schwere Entscheidung. Es ist seine erste Afrikareise. Es fällt ihm schwer, meinen Argumenten Vertrauen zu schenken. Er hat Angst, im Knast von Timiaouine zu vermodern oder gar „auf der Flucht erschossen" zu werden.

Doch unsere Chancen sind gut, denn der Plan ist einfach: Wir werden die reumütigen Sünder spielen und uns bereit erklären, zurückzufahren. Rund 20 Kilometer weit werden wir das auch tun, in den nördlichen Ausläufern des Iforas-Gebirges dann einen Haken nach Nordwesten schlagen, um uns über die „grüne Grenze" in Richtung Tanezrouftpiste abzusetzen. Bis zur malinesischen Grenzstation Tessalit haben wir über 130 Kilometer, genug freien Raum, um Timiaouine weiträumig zu umfahren. Da ich vom algerisch-malinesischen Grenzland genaue Detailkarten dabeihabe, dürften wir dieses Ausweichmanöver orientierungstechnisch hinkriegen.

Doch erst braucht Chris noch seinen Paß, und an den kommen

wir ohne den Chef nicht ran. Der läßt sich jedoch nicht mehr blicken. Fast einen ganzen Tag schmoren wir vor der Kaserne in der Sonne, diskutieren unzählige Male unseren Plan, ruinieren damit systematisch unser Nervenkostüm. Am späten Nachmittag kommt es zum Eklat: Chris entscheidet sich endgültig dagegen, versucht mit allen Mitteln, uns zur Umkehr nach Tam zu bewegen, appelliert an unsere Freundschaft und malt in düstersten Farben die drohende Katastrophe aus. Alle Argumente, alle Umstimmungsversuche schlagen fehl, die Angst sitzt zu tief. Was tun?

Ich bin so überzeugt von der Richtigkeit meines Plans, daß ich nur mehr eine Möglichkeit sehe. Es fällt mir nicht leicht, denn es könnte, zumindest im Augenblick, zu einem Bruch der Freundschaft führen: Ich stelle Chris vor die Alternative, entweder *mit* uns zu „fliehen" oder *ohne* uns zurückzufahren. Mein Verhalten versetzt ihm einen Schock.

Zumindest stimmt er unter dem Druck erst einmal zu.

In dem Moment taucht plötzlich der Polizei-Toyota auf, braust wie üblich mit einem Affenzahn durch das Dorf und bremst schlitternd und rutschend vor dem Büro ab.

Trotz aller Nervenanspannung scheint unser Verstand noch zu funktionieren. Ich wundere mich selbst, wie gut ich die Lügenstory auftischen kann. Wenig später sind wir auf dem Rückweg nach Tamanrasset, zumindest offiziell.

Gut eine Stunde ist es noch bis Sonnenuntergang, vielleicht bringen wir die Umfahrung der „Hölle von Timiaouine" noch heute abend hinter uns. Nach 18 Kilometern erreichen wir die Ausläufer der Iforas-Berge, folgen einem Spurenbündel, das in Richtung Nordwesten hinter einem großen dunklen Bergmassiv verschwindet. Ideal für uns, so können wir Timiaouine auch noch in der Deckung eines Gebirges umfahren. Die Spuren stammen offenbar von Leuten, die ebenfalls kein Interesse an dem Ort hatten; vielleicht sind wir auf einer „Schmuggelroute". Fast 40 Kilometer haben wir seit Verlassen von Timiaouine zurückgelegt, die Piste verläuft wieder in Richtung Südwesten. Wir müßten den Ort auf einer halbkreisförmigen Route nördlich passiert haben.

Chris fährt versetzt neben mir. Ruckartig dreht er sich plötzlich um. Im selben Moment umklammert mich Susanne, daß es mir die Luft aus den Lungen drückt, ruft: „Thomas, sie sind hinter uns!"

Ich bremse ab, schaue ebenso ungläubig wie schockiert nach hinten: Wild schlingernd, schaukelnd und springend rast der Polizei-Toyota vor einer riesigen Staubwolke auf uns zu. Keine 200 Meter trennen ihn mehr von uns. Sie werden doch nicht auf uns schießen? Das Blut pocht mir in den Schläfen, tausend Gedanken jagen in Sekundenbruchteilen durch meinen Kopf. Chris steht zehn Meter vor mir. Selbst durch die Brille sind seine angstgeweiteten Augen zu sehen. Wahrscheinlich sehe ich genauso aus.

Da bricht er plötzlich los, legt einen Hochstart hin, daß das Vorderrad überhaupt nicht mehr runterzukommen scheint. Christophe hat die Sache entschieden: Jetzt geht es um Kopf und Kragen.

Ob aus Angst oder Notwendigkeit – wir fahren wie die Weltmeister, wie noch nie in unserem Leben. Ohne Rücksicht auf Federung und Reifen rasen wir mit Vollgas über die bucklige und steinige Piste. Susanne steht genauso wie ich in den Fußrasten, hält sich mit beiden Händen am Gepäckträger fest. Wir driften um jede Kurve, springen immer wieder meterhoch über Kanten, Buckel und Kuppen, durchpflügen total zerwühlte Tiefsandfelder mit mehr als 100 km/h, soviel wie unsere Maschinen eben hergeben.

Es ist mir vollkommen egal, ob wir Gepäck verlieren, ob die Stoßdämpfer durchknallen wie Vorschlaghämmer auf einen

Amboß. Wie in Trance rase ich mit höchster Konzentration und Körperbeherrschung über die Strecke, finde kaum mehr die Zeit für einen lidschlaglangen Blick in den Rückspiegel.

Der Scheinwerfer des Toyota ist unendlich weit weg, kaum mehr zu sehen. Wir fahren noch immer ohne Licht, obwohl die Sonne schon gut zehn Minuten hinter dem Horizont verschwunden ist. Jetzt wird es allerdings Zeit, sich zu verstecken. Denn in diesem Tempo nachts weiterzufahren wäre auch mit Scheinwerfer Selbstmord. Zum Glück ist die Piste seit einigen Kilometern so hart und steinig, daß unsere Desert-Reifen so gut wie keine Abdrücke hinterlassen. Als die Strecke unmittelbar an einem riesigen, walfischförmigen Felsbuckel vorbeiführt, nutzen wir die Gelegenheit zum Verduften, holpern in direkter Linie den fußballplatzgroßen, steilen Hang hinauf, eine einzige große Felsplatte. Auf halber Höhe finden wir einen Einschnitt, eine Art Schlucht, die den ganzen Brocken durchzieht. Sie ist einige hundert Meter lang und so eng und holprig, daß kein Auto folgen kann. An ihrem Ausgang beenden wir auf der anderen, sandverwehten Seite des Berges den Horrortrip, parken die Maschinen zwischen metergroßen Felskugeln und klettern das restliche Stück hinauf auf den höchsten Punkt des „Walfischberges".

Es ist inzwischen schon so dunkel, daß die Piste am Fuß des Berges nur mit Mühe zu erkennen ist. Wir sind uns nicht sicher, ob für uns dasselbe gilt, legen uns flach auf den noch warmen Fels und warten auf den Toyota. Keine fünf Minuten vergehen, bis er plötzlich am Fuß des Berges um eine Kurve kommt. Bis hier herauf hört man das Scheppern und Krachen der durchschlagenden Federung.

Er fährt vorbei, folgt dem Verlauf der Piste in Richtung eines nur wenige Kilometer entfernten Höhenzuges. Am Fuß der schwarzen Bergsilhouette hört der Lichtstrahl der Autoscheinwerfer auf zu „tanzen". Offenbar haben unsere Verfolger dort angehalten, haben mit Sicherheit im nächsten sandigen Pisten-stück bemerkt, daß unsere Spuren nicht mehr da sind. Was werden sie nun tun? Zurückkommen und die Stelle suchen, an der wir die Piste verlassen haben? Sollen wir uns dann auf eine nächtliche Verfolgungsjagd einlassen, unsere Reise endgültig zum filmreifen Abenteuerroman machen? Wir beschließen, uns in diesem Fall zu stellen, lieber in den Knast von Timiaouine zu gehen, als mit gebrochenen Knochen oder einer Kugel im Rücken in der Tanezrouft zu verrecken.

Atemlos liegen wir auf dem Bauch, beobachten die Gescheh-nisse weit unter und vor uns. Ganz offensichtlich bewegt sich der Scheinwerfer nicht mehr, das Auto ist geparkt. Ich klettere wieder hinunter zu unseren Maschinen, krame mein kleines, aber hoch-lichtstarkes Fernglas heraus. Durch die zehnfache Vergrößerung erkenne ich, daß die beiden Polizisten offensichtlich vorhaben, dort unten zu lagern. Einer ist anscheinend gerade dabei, ein Feuer anzuschüren. Der andere holt zwei lange Prügel aus dem Auto. Das Blut gefriert mir in den Adern, als ich registriere, daß die Prügel kein Brennholz sind, sondern zwei Gewehre! Wir müssen uns wirklich etwas einfallen lassen, denn wenn wir in die Hände unseres „Freundes" aus Timiaouine geraten, dürfte es uns nicht gut ergehen. Es ist ganz klar, daß wir nur eine Chance haben: Wir müssen die Piste verlassen und querfeldein „durch die Pampas" nach Westen fahren. Damit dürften unsere Verfolger in dieser gebirgigen Gegend genausowenig rechnen, wie sie uns mit ihrem Auto nachfahren können.

Im glimmenden Licht der fünften Beruhigungszigarette schaue ich auf den Tacho, will herausfinden, wie viele Kilometer wir auf diese Art zurücklegen müßten. Rund 130 Kilometer sind es insgesamt von Timiaouine nach Tessalit, dem malinesischen Grenzort an der großen Transsahararoute mit dem Namen „Land des Durstes", der legendären Tanezroufpiste.

Der Kilometerzähler zeigt 125 seit dem Tanken. Erst jetzt wird mir klar, wie schnell wir vorhin gerast sind: Vor zwei Stunden haben wir die Tankstelle verlassen, sind die ersten 40 Kilometer bis zum Zusammentreffen mit dem Toyota ganz gemütlich dahingetuckert. Wir sind auf unserer Flucht einen Schnitt von rund 90 km/h gefahren! Jedenfalls können es kaum mehr als 40 Kilometer nach Tessalit sein, selbst wenn der hohe Reifenschlupf unserer Höllenfahrt den Kilometerstand ein wenig verzerrt hat.

Wir tun die ganze Nacht kein Auge zu, liegen in voller Motorradmontur auf unseren Isoliermatten, bereit, jeden Moment abzufahren. Immer wieder versetzt uns der Gedanke in Panik, daß unsere Verfolger uns entdeckt haben, sich an uns anpirschen könnten. Seit ihr Feuer vor Stunden erloschen ist, können wir ihren Lagerplatz auch durch mein Fernglas nicht mehr ausmachen. Zum Glück erleuchtet der Vollmond wenigstens die steinige Flanke unseres Berges gut genug, um einen sich anschleichenden Menschen erkennen zu können. Um drei Uhr geht auch er unter. Nur noch schwach glitzert der glatte, metallisch wirkende Fels unter dem Licht des weltraumklaren Sternenhimmels. Unzählige Sternschnuppen jagen über das Firmament, manche ziehen sekundenlang einen langen Feuerschweif hinter sich her. Wir wünschen uns immer nur das gleiche.

Um sechs Uhr erhellt der erste Hauch von Morgengrauen den Horizont. Mehr und mehr lösen sich die Konturen der Landschaft aus dem nächtlichen Einerlei. Das Licht des anbrechenden Tages reicht schon knapp aus, um mit ausgeschaltetem Scheinwerfer fahren zu können. Wir tuckern so leise wie möglich den versandeten Hang unseres Bergverstecks hinunter, lassen ihn für einige Kilometer zwischen uns und dem Lagerplatz unserer Verfolger und drehen dann nach rechts ab. Mit dem Kompaß hangeln wir uns von einem markanten Orientierungspunkt zum nächsten,

Ein Freuden-„Wheelie" auf das erfolgreiche Ende unserer Flucht

versuchen eine gerade Linie in Richtung Westen zu fahren.

Deutlich zeichnen sich unsere Spuren auf dem immer wieder weichen Boden ab. Dennoch machen wir uns schon bald keine Sorgen mehr: Das Gelände wird derart schwierig, daß für einen Verfolger im Auto fast kein Durchkommen mehr ist, zumindest nicht schneller als im Schrittempo. In ununterbrochener Folge geht es tiefe Abflußrinnen und Schwemmkanten rauf und runter, durch Geröllfelder der rauhesten Kategorie, über steile Felshügel und durch dicht bewachsene und enge Schluchten. Wir scheinen uns mitten in den Iforas-Bergen zu befinden. Es sieht so aus, als ob wir gewonnen, endgültig unsere Verfolger abgehängt hätten.

Wir fahren wieder vorsichtiger, arbeiten uns langsam und auf Nummer Sicher nach Westen vor. Denn jetzt noch eine Panne oder ein Sturz wäre einfach zu ärgerlich. Nach einer letzten „Kletterpartie" über eine steile, sandverwehte Hügelkette aus dunklem Gestein öffnet sich eine weite Ebene vor uns. Wie auf einer Autobahn geht es nun in flotter Fahrt und fast ohne Gerüttel zwischen den Vegetationszonen einiger Queds dahin.

Immer wieder kreuzen wir nach Süden und Südwesten führende LKW-Spuren. Aus unserem Reiseführer wissen wir, daß ein großes Militärgelände nördlich an Tessalit angrenzt, daß schon vor Erreichen der Tanezrouftpiste zahlreiche Spuren von der Timiaouinepiste dorthin abzweigen. Wir wollen jedoch ganz gewiß nicht noch einmal in einer Kaserne landen, halten uns daher weiterhin nach Westen.

Ganz plötzlich ist sie dann da, wie aus dem Nichts: eine breite, trassierte Wellblechspur von Nord nach Süd, die Tanezrouftpiste! Wir haben es geschafft, fallen uns gegenseitig um den Hals vor Freude und Erleichterung.

Das Wellblech ist von der gröbsten Sorte, dafür schön gleichmäßig, eine Hauptpiste eben. Wir lassen unsere Motorräder rennen. Zehn Kilometer weiter und wenige Minuten später halten wir vor dem Zollgebäude der kleinen Garnisonstadt Tessalit an. Mehr als ein Dutzend Touristenfahrzeuge steht dort bereits, darunter auch einige Motorräder. Nun sind wir also in Mali, auf der Tanezrouft-piste, sozusagen zurück in der Zivilisation – jedenfalls im Vergleich zu dem, was hinter uns liegt.

Wortlos und erschöpft sitzen wir neben unseren Maschinen im Sand. Erst als eine blaue Uniformhose in mein Gesichtsfeld eindringt, erwache ich aus der Lethargie, zucke richtig zusammen: ein Polizist! Weiß er etwas? Haben uns die Algerier per Funk angekündigt?

Langsam schaue ich nach oben. Ein freundliches schwarzes Gesicht mit großen weißen Augen und einem noch größeren, noch weißeren Gebiß strahlt uns an: *„Fatigué? Vous venez boire un thé et après on fait les formalités."* Keine schlechte Idee, schließlich ist es sieben Uhr morgens. Zeit zu frühstücken.

WÜSTENFAHRER 86

Prolog

Ein Jahr ist seit der letzten Fahrt vergangen. Dennoch war ich fast die ganze Zeit mit meinen Gedanken auf dem Schwarzen Kontinent, war damit beschäftigt, die Idee eines Buches über Offroad-Reisen per Motorrad in die Tat umzusetzen.

Nur wenige Wochen, nachdem das Handbuch endlich in den Buchhandlungen aufliegt, treibt es mich mit Nachdruck von der Theorie in die Praxis. Auch Susanne und Chris sind wieder mit von der Partie. Eine reine Saharareise soll es diesmal wieder werden, eine Algerientour auf Strecken, die uns schon lange reizen, die wir uns bisher aber nicht zugetraut hatten: Erst quer durch den Grand Erg Oriental, danach von Djanet nach Tamanrasset südlich um das Hoggargebirge herum, über die Amadrorebene zurück auf das Fadnoun-Plateau und zuletzt, falls wir noch genug Energie haben sollten, über die legendäre und berüchtigte „Gräberpiste" von Illizi durch den Erg Issaouane nach Norden. Gut zwei Dutzend der für solche Strecken unentbehrlichen IGN-Karten im Maßstab 1:200 000 habe ich dabei. Unsere Wettbewerbs-Enduros vom Typ Yamaha TT 600 sind mit großem Aufwand zu optimalen Wüstenmotorrädern umgerüstet.

Von Hassi Messaoud nach Iherir:
Dünenmeer und Badeseen

Hassi Messaoud, Allgeriens Öl-Metropole am Rande des Grand Erg Oriental, ist Endpunkt des „gemütlichen Teils" unserer Reise. In zwei Tagen sind wir die 900 Teerstraßen-Kilometer von Tunis über El Qued hierher gefahren. Während wir Benzin und Wasser bunkern, versuche ich noch einmal, Näheres über die Strecke Richtung El Borma und Deb-Deb zu erfahren. Die Informationen sind ebenso unergiebig wie widersprüchlich. Von „frisch geräumt" über „teilweise verweht" bis „völlig vom Sand verschüttet" reicht das Spektrum. Alle drei Möglichkeiten können eintreten, ein einziger Sandsturm macht die Arbeit der Räummaschinen innerhalb von Stunden zunichte. Rund 500 Kilometer gibt es keine Versorgungsmöglichkeit. El Borma, wichtigster und geheimster „Ölhahn" Algeriens, kommt nur im Notfall in Betracht. Da wir den Streckenzustand nicht kennen, kalkulieren wir unsere Wasservorräte lieber reichlich: pro Seitenkoffer ein 10-l-Plastikkanister, je eine 4-l-Flasche rechts und links der Benzintanks. Zusammen sind das 56 Liter, im Frühjahr reicht das für drei Leute eine Woche. Susanne sitzt wieder auf dem Sozius meiner Yamaha, kümmert sich um Navigation und Action-Fotografie.

Die Reichweite unserer Motorräder ist durch die 46 Liter fassenden Kevlar-Tanks auch für extreme Unternehmen ausreichend: Je nach Fahrweise und Schwierigkeitsgrad der Strecke sind 800 bis 1100 Kilometer möglich. Unter dem Gewicht der rund 70 Liter Flüssigkeit gehen beide Maschinen deutlich in die Knie. An Christophes Yamaha sind von den knapp 30 Zentimetern Federweg mehr als die Hälfte nur noch beim Ausfedern wirksam. Schon im ersten großen Schlagloch bereut er, das serienmäßige Feder-bein nicht ausgetauscht zu haben. An unserer TT wäre der Serienstoßdämpfer wohl auf Anschlag gestanden, hätte bittere Erinnerungen an den Federungs-„Komfort" auf meiner ersten Saharadurchquerung wachgerufen. Das holländische Spezial-federbein zeigt sich hingegen von der besten Seite: Ansprechver-halten, Dämpfungseigenschaften und Durchschlagsicherheit sind so hervorragend, daß die Grenzen der Belastbarkeit nun von der ohnehin schon guten Vorderradgabel bestimmt werden.

Die Straße nach El Borma überrascht uns mit gutem Zustand und nur wenigen, flachen Verwehungen. Hohe Dünen sind nur in größerer Entfernung auszumachen, da wir dem Verlauf eines breiten Dünentals folgen. Erst 80 Kilometer weiter verändern sich Landschaft und Streckenführung dramatisch. Wahre Dünenge-birge drängen von allen Seiten heran. Die Ölbohrstation Rhourd El Baguel, letzte menschliche Ansiedlung für die nächsten 400 Kilometer, wirkt wie eine Hafenstadt am Ozean des Ergs. Das schmale Band der Teerstraße windet sich verloren durch diesen gigantischen Sandkasten. Immer öfter verliert das Asphaltsträß-chen seinen Kampf gegen die Dünen: Sandberge überqueren die Straße, statt umgekehrt.

Schließlich taucht sie auf, die erste, endlos lange, von knietiefen LKW-Rillen zerfurchte Verwehung. Wie am Anfang jeder neuen Wüstenfahrt kostet es mich auch diesmal Überwindung, doch es gibt eben nur eine sichere Fahrtechnik gegen bodenlos zerwühlten Sand: Während wir auf die meterhohe Sandbarriere zurollen, atme ich tief durch, drücke beide Knie fest in die tiefen Mulden des riesigen Kevlartanks. Noch fünf Meter. Es sieht wirklich übel aus. Egal! Runterschalten, Vollgas!

Wie an der Schnur gezogen, ballert die TT durch den bodenlo-sen Sand. Wir fliegen über die Kanten, Buckel und Furchen der zerwühlten Wanderdüne hinweg, als seien sie optische Täuschungen. Die Desert-Reifen krallen sich wie Zahnräder in den Sand, vermitteln trotz des tückischen Untergrunds einen Hauch von Spurstabilität. So geht es Hunderte von Metern dahin. Noch immer ist das Ende der Riesenverwehung nicht in Sicht. Mit höchster Konzentration zwinge ich mich jedesmal, wenn wir in eine tiefe Spurrille einfädeln, zum Lenkerrütteln. Ich habe es in dem Jahr seit unserer letzten Wüstenreise nicht verlernt: Das Rütteln zentriert das Vorderrad in die Spurrillenmitte, verhindert, daß es ständig links oder rechts die Rinnen hochläuft und für gefährliche Versetzer sorgt. Susanne unterstützt mein Bemühen, die 350-kg-Fuhre zu dirigieren, durch einfühlsame Gewichtsverlagerung und aufmunternde Zurufe wie „Gib Gas!" oder „Rütteln!"

Am späten Nachmittag befinden wir uns im Herzen des Erg, 220 Kilometer östlich von Hassi Messaoud. Die Sonne steht uns im Rücken, die Verwehungen auf der Straße werfen ihre Schatten nach Osten und werden für uns dadurch schlecht kalkulierbar. Konzentration und Kraft lassen auch langsam nach. Wir campieren einige hundert Meter neben der Straße in einem Dünenkessel. Das Licht des unglaublich klaren Sternenhimmels sorgt selbst ohne Mond für Schattenbildung. Es ist angenehm kühl, aber warm genug, um kein Feuer zu vermissen. Woher sollten wir hier auch Holz nehmen, in diesem Meer aus Sand? Der Benzinkocher zischt wie eine kleine Dampflok, Spaghetti und Tee munden köstlich. Wie schon so oft leistet uns der Wüstensperling „Moula Moula", der Weißbürzelsteinschmätzer, Gesellschaft beim Abendessen. Beim Frühstück sind es zwei Skorpione, die sich von den Anstrengungen ihrer nächtlichen Streifzüge unter unseren Liegematten erholen wollen.

Südlich der Abzweigung nach El Borma wird der Streckenzustand endgültig abenteuerlich. Von der Straße ist nicht mehr viel

144

zu sehen. Zum Glück sind wir inzwischen gut „im Training" und meistern auch die längsten Verwehungen souverän und mit viel Fahrspaß.

Nach etwa 60 Kilometern beginnen wir nach einer Abzweigung in Richtung Westen Ausschau zu halten. Irgendwo in dieser Gegend muß nur wenige Kilometer neben der Straße die alte Festung von Sif Fatima liegen. Ihr Brunnenschacht zählt mit einer Länge von 50 Metern zu den tiefsten der Sahara. Drei Fehlversuche haben wir in dem Chaos aus völlig verwehter Teerstraße, einer gelegentlich sichtbaren kleinen Piste parallel dazu und den quer zur Fahrtrichtung verlaufenden Dünenketten schon hinter uns, als die Markierungsstangen einer nahezu unauffindbar versandeten alten Piste auftauchen. Das muß es sein.

Wir folgen den in großem Abstand aufgestellten Stangen, stoßen hin und wieder auf vereinzelte freigewehte Pistenstücke. Nach rund zehn Kilometern hat sich jedoch alles im Sande verloren. Riesige Dünen versperren den Weg. Unzählige Male fahren wir mit Schwung auf die hohen Sandberge hinauf. Doch auch von oben ist keine steinerne „Insel" in dem Meer aus Sand sichtbar, kein Fort weit und breit. Zig Kilometer sind wir nun schon in der bizarren „Schneelandschaft" aus Sand herumgekurvt, wer weiß, wie weit von der Teerstraße entfernt. Die Motoren sind von der Anstrengung reichlich heiß, auch uns läuft, von diversen Wühl- und Schiebeaktionen erhitzt, der Schweiß in Strömen über den Körper. Wir beschließen, aufzugeben und umzukehren, zumal ein plötzlich einsetzender starker Wind unsere Spuren zu verwischen droht. Nur zu leicht kann in derart schwierigem Gelände schlechte Sicht für Orientierungsstreß sorgen. Sif Fatima bleibt uns versagt. Vielleicht ein anderes Mal.

Was uns auf der Weiterfahrt erwartet, unterscheidet sich nicht sehr von unserem letzten Abstecher: Schätzungsweise 200 der

Kampf mit dem Sand des Großen Östlichen Erg

250 Kilometer nach Deb-Deb sind unter Wanderdünen begraben. Zum Glück werfen uns auch schwierige Passagen im wahrsten Sinn des Wortes nicht um. Dafür passiert bei der abendlichen Fahrt zu einem nur wenige hundert Meter von der Straße entfernten Schlafplatz ein derart dummes Mißgeschick, daß ich mich hinterher vor Ärger ohrfeigen könnte: Im Stand verliere ich das Gleichgewicht. Wie in Zeitlupe kippen wir einen flachen Hang hinunter, werden beide so unglücklich unter dem Motorrad eingeklemmt, daß wir nicht aus eigener Kraft darunter hervorkommen. Chris ist bereits hinter einer Düne verschwunden, hat nicht mitbekommen, was uns passiert ist.

146

Susannes rechter Fuß ist verdreht. Doch sie kann die schmerzhafte Position nicht ändern, gerät in eine Art Klaustrophobie-Anfall und fängt zu schreien an. Ich versuche sie zu beruhigen, stemme mich mit aller Kraft gegen das Motorrad. Doch keine Chance, die vielen Kilogramm drücken uns buchstäblich in den Sand. Ich grabe mit den Händen wie ein Maulwurf, doch die Fuhre sinkt nur immer tiefer. Endlose, schreckliche Minuten vergehen, ehe Christophe schließlich zurückkommt und uns hilft. Die Stimmung ist für heute abend reichlich gedämpft.

Eine knappe Woche später, rund tausend Kilometer weiter südlich, umgibt uns eine Landschaft, wie sie zu der des Großen Östlichen Erg nicht gegensätzlicher sein könnte: Senkrecht aufragende, hohe Felswände umrahmen eine Schlucht, die an das Panorama zahlreicher Wildwestfilme erinnert. Von Wasserkräften glattgeschliffene Felsplatten bedecken den Grund des Canyons. Kristallklare Wildbäche fließen plätschernd und murmelnd über Stufen und Platten in oleandergesäumte, natürliche Schwimmbecken. In einem dieser Natur-Swimmingpools liegen wir, können uns nicht satt sehen an dem Garten-Eden-Panorama, fassen es kaum, daß wir hier, in einer Schlucht des Tassili N'Ajjer, bis zum Hals im Wasser stehen. Während ich das göttliche Badegefühl genieße, während sich langsam der Fesch-Fesch-Belag von unseren Körpern löst, lasse ich die Fahrt über das Fadnoun-Plateau, das „Plateau der Teufel" noch einmal an meinem inneren Auge vorüberstreichen:

Die 200 Kilometer auf der schmalen und holprigen Wellblechpiste durch eine Einöde aus Lava und Basaltgeröll sind eine äußerst staubige und anstrengende Angelegenheit. Trotz aller Strapazen können wir uns einer eigenartigen Faszination nicht entziehen. Vielleicht ist es die geradezu apokalyptisch wirkende Leere, die urzeitliche Unberührtheit dieser „Mondlandschaft". Nur zwei Farben scheint es hier zu geben, zählt man den Himmel nicht mit: das Schwarz des Gesteins, das Gelb des Fesch-Fesch-Staubs.

Um so überraschter sind wir, als es ausgerechnet hier zu einer Begegnung mit Menschen kommt. Schon von weitem sehen wir sie auf uns zurennen: Zwei Tuareg mit kleinen Plastikkanistern in der Hand springen wie Gazellen über das scharfkantige Geröll, winken und rufen uns zu. Natürlich halten wir an, warten, bis sie bei uns sind. Es ist unfaßbar: Einer von ihnen ist barfuß. Dementsprechend sehen seine Füße aus, über und über mit Wunden bedeckt. Einige davon scheint er sich eben erst geholt zu haben, denn frisches Blut glänzt auf der aschgrau abgescheuerten, von zentimeterdicker Hornhaut bedeckten Fußsohle.

Der Wunsch nach Wasser und Zigaretten sind die Gründe für den „Sprint" zu uns, vermitteln uns die beiden in gebrochenem Französisch und Zeichensprache. Davon haben wir mehr als genug dabei. Zum Glück ist auch unser Verbandskasten wie immer gut ausgestattet. Als eine ganze Weile später alle Wunden des barfüßigen Targi verarztet sind, ist der Medikamentenkoffer spürbar leichter. Leider werden die Verbände und Pflaster trotz reichlich Hansaplast nicht lange halten, denn Schuhe haben wir keine für ihn.

Man fragt uns, ob wir Tee trinken wollen. Was normalerweise nicht mehr als eine selbstverständliche Geste der Dankbarkeit ist, wird in dieser gottverlassenen Einöde ein geradezu surrealistisches Angebot. Außerdem bedeutet es wohl einen längeren Fußmarsch, denn weit und breit ist außer schwarzem Geröll von Kopf- bis Autogröße nichts zu sehen. In unseren Cross-Klamotten und bei der sengenden Mittagshitze wird solch ein Marsch bestimmt kein Vergnügen. Ich mache eine fragende Handbewegung in die Landschaft. Der Targi mit den in Auflösung befindlichen Sandalen deutet auf einen Punkt in der Lava-Einöde, läuft los

Susanne hat die Wunden des Targi verarztet

und winkt uns hinter sich her. Wir folgen den beiden, lassen die Motorräder am Pistenrand stehen. Es ist ja bereits Mitte April, die Verkehrsdichte entsprechend gering. Seit dem 100 Kilometer entfernten Illizi, das wir heute früh verlassen haben, ist uns kein Fahrzeug mehr begegnet.

Nicht weit neben der Piste stehen wir plötzlich an einem vorher völlig unsichtbaren Felsabbruch. Der Blick fällt von hier auf eine tiefer liegende Ebene, ein Wadi mit ein wenig Gestrüpp in der Mitte. Ganz weit entfernt sind vier Kamele zu sehen. Es wird uns langsam klar, daß die beiden irgendwo hier wohnen müssen. Der Targi mit den verbundenen Füßen verschwindet plötzlich durch ein Loch in der Felswand, der andere bedeutet uns, ihm nachzugehen.

Wir trauen unseren Augen nicht, als wir die kleine Höhle betreten. Es ist wie ein Traum: ein vielleicht zwanzig Quadratmeter großes „Zimmer" aus Fels, Sandboden, wohltuende Kühle. Durch zwei „Fenster" fällt unser Blick auf die Ebene mit den weidenden Kamelen. Die Einrichtung besteht aus Decken, Körben, Lederutensilien, ein wenig Geschirr und zwei Sätteln. Ein kleiner Holzstoß wird um drei Äste kleiner. Fünf Minuten später köchelt das Wasser in der kleinen blauen Blechkanne vor sich hin. Der intensive Duft des grünen Tees durchzieht die Höhle. Wir kommen uns nach der Fahrt durch das hitzedurchglühte Fadnoun-Plateau vor wie in einer Oase, einem klimatisierten Luxusrestaurant. Nichts weniger ist die Behausung der beiden Tuareg unter diesen Verhältnissen. Ich raffe mich dazu auf, noch einmal zu den Motorrädern zurückzugehen: Kekse zum Tee sind einfach etwas Feines.

Eingang zur Höhle der Nomaden

Gut zwei Stunden bleiben wir in dem „Karawanenhotel", genießen Entspannung, Kühle, Tee und die immer wieder so unbeschreiblich angenehme Atmosphäre in der Gesellschaft von Tuareg. Um drei Uhr brechen wir auf, füllen vorher die Wasserkanister der beiden auf. Hundert Kilometer weiter erreichen wir schließlich Iherir.

Unsere gestrige Ankunft in der Oase, übrigens angeblich die am besten mit Wasser versorgte der ganzen Sahara, war eher ernüchternd: Straßenbau-Camps, welche die zwar nur 25 Kilometer lange, aber extrem steile und ausgespülte Sackgasse zwischen der Djanetpiste und Iherir reisebustauglich ausbauen, brackige *gueltas* im Haupttal und ein sehr geschäftstüchtiger Dorfchef, der nichts anderes im Sinn hat, als seine Führungsqualitäten in bare Münze umzuwandeln. Unsere Enttäuschung legt sich jedoch bald. Wir suchen auf eigene Faust nach dem, was Iherir berühmt gemacht hat, finden nach längerem Fußmarsch in einem östlich gelegenen Neben-Canyon das „Paradiestal", in dem wir nun schon seit Stunden so genüßlich baden.

Bei unserer Ankunft waren uns auch fünf Motorräder aus Deutschland aufgefallen. Schwer bepackt, doch einsam und verlassen standen sie um die Hütte des Dorfoberhaupts herum. Ein kleiner Junge hatte uns erzählt, daß der „Chef" die Motorradfahrer durch das Tal führe, ihnen einige Felszeichnungen zeigen wolle. An unserem zweiten Tag in Iherir treffen wir die Gruppe endlich. Eigentlich sind es sogar zwei, eine Vierer-Reisegemeinschaft und der Solist Carsten. Der Münchner Biologe bleibt, als er nach der recht enttäuschenden Wanderung mit dem Chef „unser" Tal zu Gesicht bekommt, noch einen Tag in Iherir. Die anderen brechen auf in Richtung Djanet.

Erst nach einer ganzen Weile kommen Carsten und ich darauf, daß wir uns ja schon vor Jahren einmal in München begegnet sind.

Es ist merkwürdig und steht in paradoxem Gegensatz zu der gigantischen Ausdehnung dieser Wüste: Die Sahara scheint ein Ort zu sein, wo man sich leichter über den Weg läuft, als in einer deutschen Großstadt. Schon öfter habe ich auf Wüstentrips „irgendwo im Nirgendwo" Bekannte wiedergetroffen, die mir seit Jahren nicht mehr begegnet waren.

Am Nachmittag desselben Tages unternehmen wir eine längere Wanderung bis zum Ende des „Paradies-Canyons". Nach gut zwei Stunden stehen wir an einem *guelta* von riesigen Ausmaßen: Zwischen abgerundeten Steinwänden erstreckt sich ein Felsbassin von über 50 Metern Durchmesser, ein richtiger kleiner See. Das Wasser ist kristallklar, seine Tiefe trotzdem unergründlich. Dazu ist es eiskalt, was uns bei der Affenhitze nicht um den Genuß ausgiebiger Badefreuden bringen kann.

Als wir um einen großen Felsen herumschwimmen, ein zweites, engeres Becken erreichen, sind plötzlich fröhliche lachende Frauenstimmen zu vernehmen. Was wir dann sehen, läßt uns gleich mitlachen: Der Lehrer des Dorfes, ein junger, gutaussehender Targi, amüsiert sich mit drei Dorfschönheiten beim Bade. Wir haben ihn schon gestern kennengelernt, waren in seiner geräumigen Schilfhütte zu Gast gewesen. Er hatte uns neben einem guten Essen auch einige erheiternde Episoden über den Dorfchef serviert. Der *gardien des beaux arts*, der „Hüter der schönen Künste", wird offenbar von vielen Bewohnern Iherirs wegen seiner Geschäftemacherei mit den Touristen nicht so ganz ernst genommen.

Die vier, splitternackt wie wir, sind bei unserem Anblick alles andere als peinlich berührt. Vor allem die drei Mädchen kriegen sich vor Lachen und Schäkern überhaupt nicht mehr ein. Wieder einmal stellen wir fest, daß es innerhalb der muslimischen Lebensart verschiedene Welten gibt. Für die gläubigen Araber des Nordens mit ihrem strengen Moralkodex wäre undenkbar, was in der relativ liberalen, matriarchalisch beeinflußten Kultur der Tuareg selbstverständlich ist.

Gegen Abend bepacken wir unsere, die ganze Zeit über im Dorf geparkten Motorräder, fahren ein kleines Stück hinaus aus dem langgestreckten Tal von Iherir und übernachten in einem kleinen Dattelpalmenhain.

Früh am Morgen habe ich es relativ eilig, das „Örtchen" aufzusuchen. Das gestrige Abendessen scheint mir nicht so ganz bekommen zu sein. Der Boden unter den Palmen ist voller stachliger Pflanzenreste, deshalb schlüpfe ich in meine Motorradstiefel, vergesse wegen der Eile das aus Sicherheitsgründen eigentlich unverzichtbare Ausschütteln der Schuhe.

Paradiesisches Bad in einem der Gueltas von Iherir

Die Strafe folgt, nicht nur sprichwörtlich, auf dem Fuße: Nach kaum drei Schritten spüre ich genau dort einen stechenden Schmerz. Das darf nicht wahr sein! Nun ist mir glatt selbst passiert, wovor ich andere so oft gewarnt habe. Nicht druckreife Gedanken und Panik ergreifen mich gleichzeitig, während ich mir den Stiefel vom Fuß reiße und nach den anderen rufe.

Es ist jedoch kein Skorpion, sondern eine handtellergroße, behaarte Spinne. Halb zerquetscht hängt sie, fest in einer kleinen, stark blutenden Wunde verbissen, an meinem großen Zeh. Mir wird speiübel vor Angst, daß nun mein letztes Stündlein geschlagen haben könnte.

Doch Carstens Diagnose ist beruhigend. Eine Walzenspinne sei das, meint er, und die seien normalerweise nicht besonders giftig. Da ich eine Stunde später noch immer lebe und der Schmerz auch langsam nachläßt, scheint das zu stimmen. Nach dem Frühstück brechen wir auf.

Von Iherir nach Djanet: das Tor zum Tassili N'Ajjer

Auf der Rückfahrt von Iherir zur Hauptpiste nach Djanet will Carstens XT 500 auf der 25 Kilometer langen „Treppenpiste" nicht so, wie er will. Die Folge ist ein völlig verbogener Schalthebel. Mit steinzeitlichen Methoden klopfen wir ihn auf einer Felsplatte wieder gerade. Einige Kilometer weiter geht es zum dritten Mal seit dem Grand Erg Oriental einen hohen und steilen Abbruch hinunter. Auf der holprigen, rasch abfallenden Serpentinenstrecke treffen wir auf einen kleinen gelben LKW mit Reifenpanne. Ein älterer und ein jüngerer Targi sind gerade dabei, das Rad zu demontieren.

Die „Treppenpiste" nach Iherir

Brahim, Chef des Nationalparks Tassili N'Ajjer im Sektor Illizi/ Zaoutallaz, und einer seiner Söhne waren einen Monat auf Reisen, von ihrem Wohnort Zaoutallaz bis in die 2000 Kilometer entfernte Hauptstadt Algier und zurück. Noch 60 Kilometer trennen sie von zu Hause, dem inoffiziell noch immer Fort Gardel genannten Tuareg-Dorf und Verkehrsknotenpunkt an der Kreuzung der beiden Hauptpisten von Illizi und Tamanrasset.

Reifenpannen scheinen die beiden schon mehr als genug gehabt zu haben. Der Schlauch ist ein rotschwarzer „Flickenteppich", das verbliebene Reparaturmaterial mehr als dürftig. Wir helfen mit Flickzeug aus.

Brahim hat heute offensichtlich noch nicht vor, nach Hause zu fahren. Er bietet uns an, mit ihm zu den *gueltas* von Tinterhert zu fahren und dort zu übernachten. Wir sind natürlich mit von der Partie. An ein tägliches *Guelta*-Bad kann man sich durchaus gewöhnen, vor allem zu Jahreszeiten, wo das Thermometer jeden Tag für einige Stunden auf über vierzig Grad im Schatten klettert. Die Fahrt zum Tinterhert genannten Teil des Plateaus (= Tassili) von N'Ajjer ist nur mit offizieller Genehmigung und Führer gestattet. Denn nicht weit von den *gueltas* befinden sich einige der schönsten Felsgravuren in der Sahara. Leider wurde die lebensgroße Darstellung der „Kuh von Tinterhert" zu Zeiten, als es noch keine Beschränkungen gab, von Touristen durch einen Gipsabdruck stark beschädigt. Für uns entfällt die Genehmigung diesmal, wir haben die „ausstellende Behörde" ja gleich mit dabei.

Die drei *gueltas* sind übereinander in einer Felswand angeordnete Kaskadenbecken. Einige kleinere Höhlen im Gestein geben dem Ganzen einen geradezu festungsähnlichen Charakter. Brahim erklärt uns, daß das unterste *guelta* als Tiertränke und „Waschsalon" diene, das mittlere als Schwimmbad, das oberste als Trinkwasser-Reservoir.

Mit dem Bad beginnt das Vergnügen. Doch vorher bekommen wir noch eine Einführung in die Badesitten der Tuareg zu hören: *„Les Tuareg toujours nagent nus, ce n'est pas comme chez vous."* Wir erklären ihm, daß wir mit den Badegewohnheiten der Tuareg bereits in Iherir vertraut geworden seien, sowieso keine Badehosen dabeihätten und daß auch bei uns daheim die Sitten inzwischen etwas lockerer seien.

Der Platz ist einfach traumhaft schön. Wir würden am liebsten länger hierbleiben. Auf der Felseinfassung des mittleren *gueltas* sitzend, schauen wir über die weite Ebene zu unseren Füßen, empfinden ein archaisches Gefühl: absolute Einsamkeit auf einer Seite, die Sicherheit schier unerschöpflicher Wasserreserven und regelmäßig zur Tränke kommender Jagdbeute andererseits. Hier ließe es sich als Steinzeitmensch gut aushalten: Gravuren und Höhlenmalereien anfertigen, Mufflons und Gazellen erlegen.

Währenddessen veranstalten die beiden Tuareg am unteren Becken große Wäsche, sehen zwei Stunden später aus, wie aus dem Ei gepellt. Brahim ist unter dem fünfzehn Meter langen, schneeweißen Feiertags-Chech kaum noch zu erkennen. Als er uns augenzwinkernd erklärt, daß seine „neue", zweite Frau erst achtzehn Jahre alt ist, wird uns klar, warum er sich so fein macht. Brahim hat die Fünfzig übrigens schon länger überschritten. So kommen wir auf das Thema Geburtstag. Meiner ist ja morgen, was Brahim zu einem Freudenschrei veranlaßt. Ein *mechoui*, ein Ziegen-Spießbraten-Fest, muß stattfinden.

Früh am nächsten Tag fahren die beiden mit ihrem LKW voraus. Wir verabreden uns für den Nachmittag.

Der Himmel ist heute völlig bedeckt. Wären wir nicht in der Sahara, könnte man an Regen glauben. Kurz vor Fort Gardel kommt er dann auch. Als wir uns gerade durch reichlich zerwühlten Tiefsand fräsen, fängt es tatsächlich zu regnen an.

In einer von Brahims Hütten verdösen wir den Nachmittag, während es draußen abwechselnd stürmt und schüttet. Immer wieder kommen Besucher vorbei, darunter der Bürgermeister, der Polizeichef und der Lehrer des Ortes. Brahims „neue" Frau ist sehr zurückhaltend, die „alte" dafür um so weniger. Es ist unverkennbar, wer im Hause Brahim Chef ist.

Bis wir endlich abends beim *mechoui* sitzen, gilt es noch, einige Schwierigkeiten zu überwinden. Erstens technischer Art, denn es stellt sich als nicht einfach heraus, eine Ziege aufzutreiben. Der Preis, den ich dann auch noch für das reichlich magere Exemplar der Gattung *chèvre* zu berappen habe, ist nicht von schlechten Eltern.

Bei Brahim in Fort Gardel

Die zweite Sorte Probleme ist eher familiärer Art. Brahims erste Frau sieht offenbar nicht ein, wieso sie in der Küche schuften soll, während er sich mit der „Neuen" amüsiert. Wir halten uns aus diesen Familiengeschichten heraus.

Gegen acht Uhr sitzen wir dann endlich zusammen mit der gesamten lokalen Prominenz im halbfertigen Neubau von Brahims Café um eine große Platte mit knusprig braunen Fleischstükken herum. Wir sind noch nicht mit dem Essen fertig, als schlimme Nachrichten die aus dem Kofferradio tönende Musik unterbrechen: Amerika habe Libyen bombardiert, heißt es da. Wir trauen unseren Ohren nicht, als der algerische Nachrichtensprecher in dramatischer Weise von Tausenden von Toten und einem möglicherweise bevorstehenden atomaren Gegenschlag von Muhammed Khadaffi berichtet. Sollten die Gerüchte von den gestohlenen Atomsprengköpfen doch stimmen? Bricht jetzt der dritte Weltkrieg aus?

Wir sind ziemlich durcheinander, diskutieren die ganze Nacht darüber, ob wir gleich oder überhaupt nicht mehr heimfahren sollen. Wir beschließen, so lange in Djanet zu bleiben, bis die weltpolitische Lage klar ist.

Am nächsten Morgen erleben wir auf den letzten 140 Kilometern bis Djanet eine Überraschung: Die berüchtigte, nerven- und materialzerfetzende Wellblechpiste zwischen Fort Gardel und Djanet ist offensichtlich vor kurzem planiert worden. Die Piste ist jetzt die reinste Autobahn. Früher war die Strecke bei Auto- wie Motorradfahrern gleich gefürchtet. Man hatte die Wahl, entweder mit klappernden Rückenwirbeln auf dem mörderischen Wellblech dahinzurattern oder neben der Piste mit bodenlosem, tief verspurtem Weichsand zu kämpfen. An manchen Stellen deutet leichte Wellblechbildung jedoch schon wieder darauf hin, daß der gute Zustand nicht von langer Dauer sein wird.

Nur zweieinhalb Stunden benötigen wir für die Strecke, halten dabei noch öfter an. Die Landschaft ist einfach zu grandios, um nonstop durchzubrettern: links die bizarr verwitterten Wände, Felskegel und Tafelberge des N'Ajjer-Plateaus, rechts die rötlichen Dünen des Erg Admer.

Djanet, die malerisch gelegene Wüstenstadt und Metropole des Saharatourismus, empfängt uns mit barbarischer Hitze. Selbst nachts halten wir es nur nackt auf dem Schlafsack liegend und mit weit geöffneten Zelteingängen aus. Ohne Moskitonetze wäre das allerdings nicht möglich: Es wimmelt von den lästigen Blutsaugern. Dafür ist wenig los. Nur eine Handvoll Touristen, davon die

Mehrzahl Motorradfahrer, bevölkert den kleinen Campingplatz im Palmenhain.

Djanet wird auch „Perle der Oasen" genannt. Doch bei der Einfahrt in den Ort kann man sich über diese Bezeichnung nur wundern. Eine häßliche Kaserne und zahlreiche Neubauten in tristem, zweckmäßigem Einheitsbaustil haben weiß Gott nichts Perlenhaftes an sich. Darüber kann auch die wunderschöne Lage am Ausgang des breiten und tief in das Hochplateau N'Ajjer hineinreichenden Qued Edjeriou nicht hinwegtrösten.

Im Zentrum des Ortes, dort, wo sich auch der Campingplatz, der kleine Markt, die Post, einige Cafés und Restaurants befinden, zeigt sich die Oase dann von ihrer schönsten Seite: Rechter Hand kleben die kleinen und verschachtelten Steinhäuser der Altstadt am Hang, links zieht sich der dichte Palmenhain malerisch am Ostufer des Wadi entlang.

Der Kern von Djanet ist so kompakt, daß man sein Fahrzeug getrost für die Dauer des Aufenthaltes auf dem Gelände des Hotels *Zeribas* lassen kann. Alles läßt sich gut zu Fuß erreichen. Auch das für einen sozialistisch-arabischen Behördensitz erstaunlich hübsche Polizeirevier mit seinem Hinkelstein-Garten und dem Sitz der ONAT, der Verwaltung des Nationalparks des Tassili N'Ajjer, sind nur wenige Gehminuten entfernt. Beide Behörden sind für Djanetbesucher obligatorisch, egal, ob man sich zur Weiterfahrt abmeldet, die Erlaubnis zum Tanken holt oder zu einer geführten Wanderung auf das Hochplateau anmeldet.

In dem kleinen Museum der ONAT bekommt man einen Eindruck von der Jäger-und-Sammler-Zivilisation der Sahara-Steinzeitmenschen: Reibschalen, Faustkeile, Steinäxte, Pfeilspitzen, Tongefäße usw. sind dort ausgestellt. In einem Nebenraum ist eine Wand nur mit Fotos behängt, die zeigen, was vor Jahren das einst frei zugängliche Gebiet des Tassili N'Ajjer zum bewilligungs- und führerpflichtigen Nationalpark machte. Es sind Bilder von den Zerstörungen, die Touristen an den zahllosen, jahrtausendealten Felsmalereien und -gravuren anrichteten: Graffiti, herausgebrochene Gravurteile, zu Fotozwecken befeuchtete und danach abgeblätterte Höhlengemälde.

Der recht idyllisch zwischen Palmen, Orangenbäumen und Blumenbeeten gelegene Campingplatz ist eigentlich ein Schilfhütten-Hotel. Besucht man Djanet außerhalb der Hauptsaison, also nicht in den Monaten der Weihnachts- und Osterferien, hat der Platz durchaus etwas Anheimelndes, ja Erholsames an sich. Sind mehr als zwanzig Touristen da, womöglich sogar eine oder mehrere Reisegruppen, ist es mit der Ruhe, vor allem aber der Hygiene aus. Der alte Pächter des Hotels *Zeribas*, seine Söhne und Angestellten geben sich zwar viel Mühe, doch wenn zehn Vertreter der „Wasserspülungs-Zivilisation" gleichzeitig Verdauungsprobleme haben, vergeht auch dem abgebrühtesten Kloputzer die Lust. Vielleicht würde ein Schild mit Bedienungsanleitung für „Plumpsklos" diese Misere beheben.

In zwei Tagen Djanet verbrauchen wir zwei Kisten eisgekühlter Ananassaftkonserven, den gesamten Vorrat eines Krämerladens neben dem Markt. An unseren TTs gibt es außer Routinearbeiten nichts zu tun. Sie haben die bisherige Reise unbeschadet überstanden. Die vier Motorradfahrer aus Iherir sind seit gestern hier, ein wenig hitzegestreßt und recht in Eile. Sie wechseln ihre kaum abgenutzten Desert-Reifen gegen den mittransportierten zweiten Satz. So kommt Carsten endlich in den Genuß vernünftiger Bereifung, muß im Tiefsand nun hoffentlich nicht mehr mangelndes Profil durch Akrobatik ersetzen.

Unser kleiner KW-Empfänger meldet aus Libyen und Europa bisher keine guten Neuigkeiten: Der Fährverkehr über das Mittelmeer ist eingestellt, die italienische Insel Lampedusa von libyschen Bomben zerstört worden. Khadaffi hält sich im Hinterland versteckt.

Am dritten Tag beschließen wir, die Zeit mit einer Wanderung auf das Hochplateau zu nützen. Es ist jedoch nicht leicht, den notwendigen Führer aufzutreiben. Die Mindestgruppenstärke für die Tagestour nach Jabbarem, einem besonders interessanten Teil des N'Ajjer-Plateaus, beträgt acht Personen. Nachdem gestern unsere Motorradfahrer-Gruppe aus Iherir gen Tam aufgebrochen ist, sind nur noch wir vier, der junge Schweizer Stephan auf seinem 125er-Zweitakt-„Schepperle" und sein Reisepartner Wolfgang auf einer unglaublich überladenen 400er-Straßen-Suzuki auf dem Campingplatz. Die beiden sind jedoch vollauf damit beschäftigt, ihre vom Fadnoun-Plateau zerschüttelten Maschinen samt fahrerischer Moral wieder instand zu setzen. Schließlich trifft ein Südtiroler Pärchen im VW-Bus ein. Die beiden sind seit einigen Monaten unterwegs, gut drauf und nicht besonders hitzeempfindlich. Zu sechst probieren wir unser Glück noch einmal bei der Agentur *Sefar* gleich rechts des Campingplatzes. Mit ein wenig Überredungskunst bekommen wir tatsächlich vom Agentur-Chef Mohammed, einem großgewachsenen, schnauzbärtigen Bilderbuch-Targi, zum Normalpreis von 150 Dinar pro Person einen Führer.

Bei Sonnenaufgang brechen wir am nächsten Tag auf. Der dreistündige Fußmarsch führt über ein steiles Geröllfeld auf das Hochplateau hinauf. Oben empfängt uns die relative Kühle der 1500 Höhenmeter und eine unglaubliche Science-fiction-Landschaft. Wir glauben uns beim Marsch durch das Labyrinth aus bizarren Pilzfelsen wirklich auf einen anderen Planeten versetzt.

Der *guide*, ein schweigsamer, etwas korpulenter Targi, bringt uns von einer Felsmalerei zur anderen. Alle Bilder befinden sich wettergeschützt unter Überhängen und „Pilzköpfen". Nur deswegen sind sie derart gut erhalten. Die teilweise sehr sorgfältig und detailliert angefertigten Szenen beschreiben die völlig anderen Lebensbedingungen der Sahara-Bewohner vor 5000 bis 10 000

Morgendlicher Aufstieg auf das Tassili N'Ajjer

Jahren, denn das Gebiet der heutigen Sahara war nach der letzten Eiszeit, dem Würm-Glazial, keine Wüste, sondern grün und fruchtbar. Ein Hauptmotiv sind dunkelhäutige Menschen bei der Jagd nach Giraffen, Straußen, Antilopen und Büffeln.

Selbst mittags läßt es sich hier oben ganz gut aushalten. Fast immer laufen wir im Schatten der oft zu skurrilsten Formen erodierten Felsen. Gelegentlich sind Reste steinzeitlicher Werkzeuge zu sehen: Faustkeile und Schaber, sogar eine gewölbte Reibschale mit dazugehörigem Stößel liegen unter einem Überhang.

Durch eine Schlucht mit jahrtausendealten Zypressen erreichen wir am Nachmittag den Ausgangspunkt unserer Wanderung am Rand des Hochplateaus. Kurz zuvor sehe ich unter einem kopfgroßen Stein eine etwa ein Meter lange, bleistiftdünne Schlange

163

Bizarre Felsformationen auf dem Hochplateau

verschwinden. Ich rufe Carsten. Vielleicht weiß er mehr über diese Reptilienart. Ich kann es nur hoffen, denn er faßt blitzschnell unter den Felsen und zieht das Tier am Schwanz heraus. Es ist ein Exemplar der Natternfamilie, laut Carstens Auskunft harmlos. So wandert das Tierchen denn auch durch alle Hände, wird aus dem Deckel unserer Feldflaschen getränkt und auf sechs Fotoapparaten abgelichtet, ehe wir ihm wieder die Freiheit schenken. Am Abend bestimmen wir die Schlange genauer mit Hilfe des Buches *Biologie der Sahara:* Die Sandrenn-Natter, heißt es da unter anderem, ist schwach giftig und beißt nur, wenn man sie zu fest anfaßt. Im nachhinein doch recht beruhigend.

Am folgenden Tag erfahren wir aus dem Radio, daß sich die Lage zwischen Libyen und Amerika wieder normalisiert hat, die Kriegsgefahr erst einmal abgewendet ist. Große Erleichterung allerseits. Von Neuankömmlingen hören wir, daß auf dem Campingplatz von Tamanrasset vor drei Tagen eine regelrechte Panik ausgebrochen sein muß.

Stephan und Wolfgang sind heute früh Richtung Tam abgefahren. Die Vierhunderter sprang nur mit Schieben an. Keiner von uns hätte gedacht, daß Wolfgang mit der monströsen Fuhre Monate später tatsächlich in Kenia ankommen sollte. Doch erst mal gibt es noch eine Menge Anfangsschwierigkeiten: Stefan kommt am frühen Nachmittag per Autostop wieder in Djanet an, sucht nach einem Auto, mit dem sie im Geleit bis Tamanrasset fahren können. Wolfgang, „Schepperle" und Suzuki sind in Fort Gardel. Der Gepäckträger der Vierhunderter scheint in mehrere Teile zerbrochen zu sein. Das Südtiroler VW-Bus-Paar bietet seine Hilfe an.

Am späten Nachmittag brechen wir alle zusammen auf. Christophe, Susanne und ich wollen, wie geplant, gleich hinter Djanet nach Süden abdrehen, quer durch den Erg Admer in das Qued Tafasasset gelangen und von dort südlich um das Hoggargebirge herum nach Tamanrasset fahren. Carsten ist auch mit von der Partie. Da auch er schon einige Saharareisen per Motorrad hinter sich hat, gut und sicher fährt, haben wir uns entschlossen, ihn mitzunehmen, zumal wir uns bisher sehr gut verstanden haben, viel Gaudi miteinander hatten. Ausgerüstet mit allen für diese Route erforderlichen IGN-Detailkarten und einigen Satellitenfotos, beladen mit Benzin für 800 bis 1000 Kilometer, Wasser für vier Tage und Lebensmitteln für gut eine Woche, werden wir uns morgen auf das erste echte „Abenteuer" dieser Reise wagen.

Heute verhindert das Wetter keine 20 Kilometer außerhalb von Djanet eine Weiterfahrt: Aus der Dunst- und Wolkenschicht, die seit Mittag den Himmel bedeckt, bricht plötzlich ein wahrer Platzregen. Wir sitzen alle im VW-Bus, während draußen ein halbstündiger Wolkenbruch auf den Sand prasselt. Die Abkühlung ist ein Genuß. Auch die morgige Fahrt durch den Erg Admer, insbesondere die bevorstehende Überquerung einer hundert Meter hohen Düne dürfte durch die Feuchtigkeit des Sandes um vieles leichter sein.

Von Djanet nach Illizi: Sandsturm

Auch in der Nacht werden wir noch einige Male durch auf das Zelt prasselnde Regentropfen geweckt. Um sechs Uhr morgens strecke ich den Kopf ins Freie. Statt des gewohnten, schon kurz nach Sonnenaufgang gleißend grellen Feuerballs, steht eine blasse Scheibe über dem Horizont. Es stürmt nicht schlecht. Die Luft ist voller Staub, die Sicht entsprechend mäßig. Nur ganz verschwommen zeichnen sich die Dünen des Erg Admer in der Ferne ab.

Trotzdem beschließen wir nach weiteren fünf „Autobahn"-Kilometern, 25 Kilometer hinter Djanet, nach Süden abzubiegen. Wir verabschieden uns von den drei anderen, haben alle ein komisches Gefühl in der Magengrube, sie in der Sicherheit der Piste zurückzulassen und selber in die Ungewißheit des riesigen Dünenozeans von Erg Admer zu fahren. Noch lange sehe ich sie im Rückspiegel winken, erst mit den Händen, dann mit der Lichthupe des VW-Busses.

Mit hohem Tempo brausen wir über die riesige Sandebene auf die ersten Dünen zu. Einige Kilometer weiter bündeln sich Spuren aus allen Richtungen mehr und mehr zu einer Art Piste, führen in ein breites *gassi*, ein Dünental, hinein. Deutlich ist die durch den Regen entstandene Feuchtigkeit zu sehen: Das Sandgebirge ist marmoriert wie ein riesiger Kuchen. Plötzlich taucht sie weit vor uns auf, die in der Streckenbeschreibung erwähnte Sandbarriere: Das *gassi* hört einfach auf. Wir stehen vor einer turmhohen Wand aus Sand, keine Sackgasse, sondern die nördlichste Passage durch den Erg Admer. Viele Spuren, von denen ein Großteil in halber Höhe endet, geben ein beredtes Zeugnis von den Kletterversuchen anderer Fahrzeuge.

Die sogenannte Tahort-Passage ist in dieser Fahrtrichtung leider der schwierigste von den drei möglichen Übergängen durch den 200 Kilometer langen Erg Admer. Der nächste befindet sich gut 100 Kilometer südlich. Boussamacha – so heißt er nach seinem Entdecker, einem alten Karawanenführer aus Djanet – soll laut Brahim äußerst schwer zu finden sein. Der dritte Übergang ist ganz im Süden des Erg Admer, bei den Monts Gautier. Für uns wäre das ein Umweg, der mit unseren Benzinreserven nicht machbar ist. Wir wollen nicht zuviel riskieren, unsere erste Hoggar-Südumfahrung auf kürzestem Weg vornehmen.

Wir reduzieren den Luftdruck der überbreiten Hinterreifen auf 0,8 atü. Am Vorderreifen erübrigt die statt der Schläuche montierte Moosgummifüllung diese Aktion. Die bestechenden Vorteile dieser Gummiwülste – Plattfuß- und Durchschlagsicherheit – scheinen diesmal von Dauer zu sein. Sicherlich ein Verdienst der speziellen Anti-Reibungs-Emulsion, mit der wir die „Bip Mousse" vor der Montage einbalsamiert haben. Auf einer früheren Reise hatten wir nach einigen hundert Pistenkilometern nur noch verbrannten Staub im Reifen.

Susanne und ich machen den Anfang, nehmen an einem gegenüberliegenden Dünenhang Schwung und donnern mit Vollgas auf die Sandwand zu. Erwartungsgemäß fliegt die kurz übersetzte TT 600 problemlos und kraftvoll fast den Hang hinauf. Hubschrauberähnliches Ballern hallt in den Dünen wider. Die nur minutenlange Fahrt auf die große Düne wird, wie schon so oft vorher, zu einem psychedelischen Trip, zu einem geradezu berauschenden Erlebnis aus schwerelosem Gleiten und Fahren. Die gleichförmige Farbe und Struktur des Sandes spielen dem Auge einen Streich, jedes Gefühl für Geschwindigkeit und Steigung geht verloren. Erst als sich von oben der Himmel in das vom Sand erfüllte Blickfeld schiebt, kehren Gefühl für Raum und Bewegung zurück. Leider ist es kein tiefblauer Saharahimmel: Eine blasse Sonnenscheibe steht im gelbgrauen Nebel aus Sand und Staub. Der Felskegel des Tahort, wichtiger Orientierungspunkt an dieser Stelle, ist nur noch als verschwommener Schemen zu erkennen. Der Wind hat inzwischen sturmartige Ausmaße erreicht.

Wir warten auf Chris und Carsten. Ihre Scheinwerferlichter tauchen im Sandsturm erst auf, als die beiden nur noch 100 Meter entfernt, schon beinahe oben sind. Carstens XT 500 macht trotz ihres Alters und dem gegenüber unseren Maschinen viel schwächeren Motor nicht schlapp. Unter infernalischem Gebrüll erreicht sie den Dünenkamm. Ohne die in Agadez montierten Desert-„Schlappen" wäre es höchstwahrscheinlich knapp geworden.

So schnell wie möglich raus aus dem Erg, heißt die einzig vernünftige Entscheidung. Doch auch auf der Ebene jenseits von Admer und Tahort wird der Wind nicht schwächer, die Sicht beträgt nur einige hundert Meter. Für die Orientierung in pistenlosem Wüstengelände heißt das: Man sieht die Hand vor Augen nicht. Unsere Hoffnung, die Hoggar-Südumfahrung zu Ende zu bringen, schwindet mit jedem weiteren Kilometer.

Auf der riesigen Ebene des Qued Tafassasset westlich vom Erg Admer kommt der *white out*. Die Sicht ist praktisch Null. Sollen wir abwarten oder weiterfahren? Das Gelände bietet keinerlei Schutz. An Zeltaufbau ist bei dem starken Wind nicht zu denken.

Wir fahren weiter, versuchen anhand des Kompasses Richtung Westen einzuhalten. Nicht einfach in einer Sandsuppe wie dieser! Anpeilbare Punkte tauchen praktisch erst auf, wenn man schon

Eingesandet im Sandsturm

169

kurz davor ist. Nach unseren Karten müssen wir auf der Höhe des östlichen Hoggarausläufers „Amamoukene" auf eine alte Piste zwischen Fort Gardel und dem schon im Niger liegenden Djado treffen. Diese Auffanglinie sollte nicht zu verfehlen sein – falls sie überhaupt noch zu erkennen ist. Viele der in den alten IGN-Karten eingezeichneten Pisten sind schon seit Jahrzehnten unbenutzt und dementsprechend „unsichtbar". In der Tat übersehen wir um Haaresbreite einige alte Spuren in Nord-Süd-Richtung, die wir 150 Kilometer nach Djanet plötzlich kreuzen. Das muß die Piste sein. Nichts wie raus aus diesem Chaos!

Siebzig Kilometer weiter stoßen wir in Sichtweite von Fort Gardel auf die Piste von Tamanrasset nach Djanet. Wir beschließen, in Fort Gardel zu übernachten, und warten dort auf Brahim, der erst abends aus Djanet zurückkommt und höchst überrascht ist, uns schon wieder zu sehen. Im Wetterbericht der algerischen Nachrichten hören wir, daß in der Tenere-Wüste seit gestern ein verheerender Sandsturm wütet. Seine Ausläufer haben wir heute erlebt. Der Südabfall des Hoggar-Massivs dürfte noch wesentlich schlimmer betroffen sein.

Beim Abendessen diskutieren wir darüber, wie unsere Reise nun weitergehen soll. Von hier auf der normalen Piste nach Tam zu fahren, reizt keinen von uns besonders. Dafür sind wir diese Strecke schon zu oft gefahren. Auch die knapp 900 Kilometer lange Route über die Amadror-Ebene und Amguid nach In Salah oder Hassi bel Gebbour verlockt uns wenig. Die einzig interessante Variante wäre, von Amguid nach Osten auf die „Gräberpiste" abzuzweigen. Doch dafür reicht unser Benzin mit Sicherheit nicht aus. Für die rund 1100 Kilometer, davon ein Drittel schwere Sandstrecke, müßten wir pro Motorrad noch einen Kanister aufladen. Das ist vor allem mir, da ohnehin schon doppelt beladen, zuviel.

Eine schwierige Entscheidung

Dornschwanzagame – unser Minidrachen

Wir entscheiden uns für den direkten Weg zur „Gräberpiste".
Das bedeutet zwar, noch einmal über das Fadnoun-Plateau zu
hoppeln, dafür sind es nicht einmal 300 Kilometer, bis es wieder
interessant wird. Denn Illizi, das frühere Fort de Polignac, ist
Ausgangspunkt der legendären Kolonialroute nach Fort Flatters,
dem heutigen Bordj Omar Driss.

In zwei Halbtagesetappen brettern wir die 270 Kilometer von
Fort Gardel hinauf nach Illizi. Unsere Gastgeber von der Herfahrt
sind nicht da, die Höhle ist verlassen. So wird das herausragende
Ereignis dieser Fahrt die Begegnung mit einem Miniaturdrachen.
Aus der entsprechenden Perspektive betrachtet, erweist sich das
Monster als Dornschwanzagame von knapp einem halben Meter
Länge, für diese Reptilienart ein stattliches Ausmaß.

Der Wind ist uns nicht gefolgt. Kein Lüftchen bläst in der kleinen
Stadt Illizi, dem Endpunkt der von Norden kommenden Teerstraße, als wir den Ort mittags erreichen. Um so mehr ist zu
spüren, daß der Saharasommer nicht mehr weit ist. 45 Grad zeigt
unser Thermometer im Schatten. Die an den TTs montierten
Ölkühler machen sich spätestens jetzt bezahlt.

Wir tanken, füllen unsere Wasserbehälter auf. Rund 60 Liter
sind auf den drei Maschinen verstaut. Fünf Liter Wasser gehen
inzwischen pro Nase und Tag drauf. Drei Tage sind wir also
unabhängig. Das müßte gut reichen, denn es gibt drei Brunnen
auf der Route. Allerdings wissen wir nur von einem mit Sicherheit, daß er voll, die Wasserqualität gut ist. Wir sind uns bewußt,
daß wir völlig auf uns allein gestellt sein werden. Es ist Anfang
Mai, die „Gräberpiste" um diese Jahreszeit wirklich tot. Schon zur
Sahara-Hauptsaison, zwischen Weihnachten und Ostern, wird sie
nur selten von Touristen befahren, von Einheimischen praktisch
nie. Die Tuareg fürchten die Geister der zahlreichen Begräbnis-
stätten. Für die eher abgebrühten Trucker aus dem Norden macht

es keinen Sinn, die extrem schwierige Passage durch den Erg Issaouane zu riskieren, wenn es auch eine Teerstraße außen herum gibt. Wenn überhaupt, dann treffen wir vielleicht Nomaden an den Brunnen.

All das übt einen großen Reiz auf uns aus. Mindestens eine Woche wollen wir uns Zeit lassen, zumal die fahr- und orientierungstechnischen Schwierigkeiten nicht von Pappe sein dürften. Nicht zuletzt haben wir vor, in den Ausläufern des Erg Issaouane nach „Neos", nach prähistorischen Steinwerkzeugen, zu suchen. Nirgendwo gibt es mehr davon als in den freigewehten Senken zwischen den Dünen.

In einer der beiden Kneipen von Illizi warten wir auf die relative Kühle des späten Nachmittags. Erst zwischen fünf Uhr und Sonnenuntergang wollen wir aufbrechen, heute nur noch einige Kilometer in die „Gräberpiste" hineinfahren, zumindest ihren Anfang finden. Alle vier schlafen wir ein, ausgestreckt auf den schmalen Holzbänken der Kneipe. Der Wirt hat offenbar Verständnis und weckt uns nicht.

Von Illizi nach Bordj Omar Driss: die „Gräberpiste"

Am Spätnachmittag verlassen wir Illizi, suchen nach der etwa eineinhalb Kilometer südlich liegenden Abfahrt zur „Gräberpiste". Wenige hundert Meter hinter dem Ortsschild sehen wir im Rückspiegel einen blau-weißen Toyota, der sehr schnell näher kommt. Er überholt uns mit großer Geschwindigkeit, legt dicht vor uns eine Vollbremsung aufs Wellblech. Nur mit Mühe bekommen wir unsere Wüstenschiffe ohne Sturz zum Stehen. Zollkontrolle! Illizi hat seinen Ruf als „Zollhölle" also doch noch immer zu Recht. Wir hatten schon gedacht, diese Zeiten seien vorbei, denn schon zweimal haben wir den Ort ohne irgendwelche Probleme durchfahren.

Warum wir uns nicht auf dem Zollamt von Illizi gemeldet hätten, fragt man uns. Pässe und Devisendeklarationen werden eingesammelt.

Natürlich gibt es Ärger. Christophe hat ja seinen Pflichtumtausch von 1000 Dinar erst zur Hälfte geleistet. Man argwöhnt natürlich sofort Schwarzgeld, droht uns mit einer gründlichen Durchsuchung. In freundlichstem Ton erkläre ich den beiden, daß Chris bisher von unserem Geld mitgelebt hat, daß er den Rest in der nächsten Stadt wechseln werde. Auch diesmal wirkt Höflichkeit, speziell bei algerischen Zöllnern ohnehin die einzige erfolgversprechende Methode. Zudem werden sie durch die beiden Mufflon-Hörner, die Carsten auf die Blinker seiner XT gesteckt hat, etwas aufgeheitert. Nach einem *„bon soir"* und militärischem Mützengruß können wir von dannen ziehen. Wir wundern uns nicht, daß man uns einfach bei Dunkelheit weiterfahren läßt, denn das ist typisch für die bürokratische Kompetenzverteilung in Algerien: Das Touristen-Nachtfahrverbot ist schließlich nicht Zoll-, sondern Polizeiangelegenheit.

Als die Staubwolke des Geländewagens in der Hütten-„Skyline" von Illizi verschwunden ist, verlassen wir die Piste, drehen um 300 Grad und fahren in Richtung Nordwesten. Unsere Scheinwerfer lassen wir vorsichtshalber ausgeschaltet, denn schließlich zählt unsere Route zur Kategorie der *piste interdite*. Nach einigen Kilometern über eine flache Sandebene erreichen wir eine kleine Hügelkette, hinter der wir außer Sichtweite von Illizi kampieren und ein Feuer machen können. Vom Abendrot ist ohnehin inzwischen nicht mehr viel übrig, eine Weiterfahrt wäre gefährlich.

Am nächsten Morgen suchen wir erst eine Weile nach der in

unserer Streckenbeschreibung erwähnten Gabelung. Bis jetzt haben wir noch nicht einmal die Piste gefunden. Weit vor uns taucht rechts auf einem Tafelberg eine große Steinmarkierung auf. Kurz davor treffen wir auf die „Gräberpiste", sind erstaunt über die deutliche, feldwegähnliche Fahrspur.

In den folgenden zwei Tagen wächst unsere Begeisterung für diese Strecke mit jedem Kilometer. Selten habe ich in der Sahara auf relativ kurzer Entfernung so viel landschaftliche Vielfalt erlebt. Es gibt alles, was die Wüste interessant und reizvoll macht: bizarre Felsformationen, riesige Tafelberge mit eng eingeschnittenen Schluchten, sanft geschwungene Hügelgruppen, weite Schwemmtonebenen mit ihrem skurrilen Verwitterungsnetz, grüne, vegetationsreiche Wadis und jede Menge Dünenfelder, Ausläufer des riesigen Erg Issaouane, der unsere Fahrt fast ständig in Sichtweite begleitet. Etliche Male bekommen wir im Schatten von Akazien und Tamarisken äsende Gazellen zu Gesicht. Immer wieder ist es faszinierend, zu beobachten, wie elegant und leicht sich diese Tiere fortbewegen, wie spielerisch sie in riesigen Sätzen durch das Gelände hüpfen.

Je weiter wir uns von Illizi entfernen, desto mehr und öfter verschwindet die Piste in den weit herausragenden „Fingern" des Erg Issaouane. Immer wieder sind orientierungs- wie fahrtechnisch äußerst anspruchsvolle Passagen zu meistern. Wir haben gelegentlich nicht wenig zu kämpfen, fragen uns am Anfang mehr als einmal, ob wir uns mit dieser Strecke nicht ein wenig übernommen haben. So werden wir trotz aller landschaftlichen Schönheit nicht leichtsinnig, erinnern uns immer wieder daran, daß jede Irrfahrt, jede Verletzung oder Panne in dieser extrem einsamen Gegend zu einer lebensbedrohenden Angelegenheit werden könnte.

Doch bis jetzt läuft alles gut. Keiner stürzt. Wir finden die Rudimente des alten Kolonialwegs auch nach kilometerlangen

Schwemmtonebene auf der „Gräberpiste"

Dünenpassagen mit überraschender Genauigkeit wieder. Die IGN-Karten im Maßstab 1:200 000 erweisen sich in dem kontrastreichen Gelände als aufschlußreiche Orientierungsgrundlage. Es läßt sich gut mit dem Kompaß arbeiten. Eine zusätzliche, makabre Orientierungshilfe sind die zahllosen Gräber. Einzeln oder als regelrechte Friedhöfe säumen sie die Piste über weite Strecken. Hunderte von Menschen scheinen hier ihr Leben bei irgendeinem unbekannten Anlaß verloren zu haben. Vielleicht haben sich verfeindete Tuaregstämme bekämpft, vielleicht zeugen die Gräber auch von einer Seuche, einer Katastrophe aus der Zeit der großen Karawanen. Nicht unwahrscheinlich ist, daß in den Gräbern Opfer aus der blutigen Zeit des algerischen Befreiungskrieges liegen. Genaues scheint darüber niemand zu wissen oder wissen zu wollen. Auch spätere Nachforschungen bei Einheimischen ergeben keine besonders ergiebigen Informationen. Ich hatte teilweise sogar den Eindruck, daß man darüber nur sehr ungern spricht.

Am Mittag des zweiten Tages kommt es zu einer äußerst merkwürdigen Begebenheit: Wir stehen vor einem besonders dicken Ausläufer des Erg Issaouane. Parallel zu dem Bergzug In Tirhaouine zieht er sich mit seinen hausgroßen Dünen etwa fünfzig Kilometer weit nach Süden. Auf der freigewehten Ebene vor dem Erg sind zahlreiche alte Spuren zu sehen. Alle verschwinden sie in einer großen und sehr steilen, absolut unpassierbaren Düne. Der Sandberg scheint sich im Lauf der Zeit auf einer Stelle aufgehäuft zu haben, wo vor zig Jahren, als die Franzosen die „Gräberpiste" anlegten, noch gutes Durchkommen war.

An mehreren Stellen versuchen wir den Einstieg zu einer Durchfahrt zu finden, scheitern immer wieder an engen und steilen Sandtrichtern, unüberquerbaren Steilwänden. Anders als im Sandgebirge des Erg Admer ist hier das Vorankommen äußerst schwierig. Es fehlen Überblick und Platz zum Schwungholen.

Wir versuchen unser Glück mit den *gassis*, den Tälern zwischen den Dünen. Doch auch sie enden regelmäßig nach einigen Biegungen als Sackgassen vor nahezu senkrechten, zehn bis zwanzig Meter hohen Sandwänden. Dahinter beginnt ein praktisch unbefahrbares Labyrinth aus steilen Kleindünen und Sandtrichtern.

Während wir uns von den diversen anstrengenden Überquerungsversuchen erholen, taucht plötzlich ein kleiner, blauschwarz-weißer Vogel auf, fliegt uns in unglaublich engen Kreisen um die Ohren: eine Schwalbe. Wir nehmen erst nicht viel Notiz von ihr, sind ja gewohnt, daß die Vögel der Sahara in der Regel mehr Neugierde als Scheu an den Tag legen, oft auch durch gewagte Flugmanöver von ihrem Nest ablenken wollen. Was diese

Schwalbe veranstaltet, ist jedoch mehr als ungewöhnlich: Immer wieder fliegt das Tier mit unglaublicher Geschwindigkeit zwischen einer mehrere hundert Meter entfernten Düne und uns hin und her, schlägt derart scharfe Haken, daß nicht nur Luftzug, sondern mehrfach sogar ihre Flügelspitzen unsere Gesichter streifen. Saharavariante von Hitchcocks Horrorschocker „Die Vögel"?

Nach einigen derartigen Manövern landet die Schwalbe auf dem Lenker von Carstens XT, beobachtet uns mit schiefem Kopf, um wenig später mit ihrem Sturzflugspiel von vorne zu beginnen. Die Biologenseele von Carsten will natürlich das Nest des Vogels finden. Also fahren wir rüber zum Wendepunkt des Miniatur-

Auf einem der zahlreichen kleinen Ergs der „Gräberpiste"

Luftzirkus. Die Schwalbe sitzt oben auf dem Dünenkamm, beobachtet uns beim Hinaufklettern, fliegt erst auf, als wir unmittelbar
vor ihr sind. Was wir von oben sehen, läßt uns den Vogel erst mal
vergessen: Es ist kein Busch mit einem Nest, sondern das, wonach
wir seit einer Stunde suchen: eine mit Strohballen befestigte Piste
auf einem Damm aus Steinen, der Rest des alten Kolonialwegs!

Die Fahrt über die erste Barrikade ist wegen ihrer Steilheit und
dem scharfen Dünengrat eine reine Mutsache. Einmal auf dem
Damm, geht es dafür recht flott voran. Wie eine breite Bobbahn
schwingt sich die Strohpiste durch den Erg. An einigen Stellen
müssen wir ausweichen, da größere Dünen sich über das verkehrs-
historische Relikt geschoben haben. Einige Kilometer weiter
taucht das Ende der Passage auf. Total euphorisch von der flotten
Dünenfahrt, erreichen wir das baumbestandene, breite Qued
Samene am Fuß des Bergzugs In Tirhaouine. Erst als wir absteig-
gen, uns unter den Schatten einer großen Akazie setzen, bemerken wir „unsere" Schwalbe. Sie sitzt auf einem der Motorradkof-
fer, beobachtet uns wieder mit zur Seite geneigtem Kopf. Carsten
füllt den Feldflaschenverschluß mit Wasser, bewegt ihn langsam
auf den Vogel zu. Wie selbstverständlich trinkt das Tier ihm aus
der Hand, läßt sich dabei mit dem Finger am Kopf streicheln! Noch
eine Weile sitzt sie mit uns im Schatten, dann dreht sie um,
verschwindet nach einigen Kreisen in Richtung Erg.

Wir finden keine vernünftige Erklärung für das Verhalten
dieses Vogels. Denn anzunehmen, daß er uns den Weg gezeigt
hat, um dafür mit Wasser belohnt zu werden, ginge doch zu weit.
Oder . . . . ?

Etwa vierzig Kilometer weiter erreichen wir auf gut erkennba-
rer Piste den Brunnen von Ain El Hadjadj. Hier gabelt sich die
Strecke. Geradeaus führt eine Piste über Amguid nach In Salah.
Wir wollen uns jedoch rechts halten, hoffen, auf der berüchtigten
Khanfoussapiste das Nadelöhr zwischen Erg Issaouane und Erg

Tiffernine zu überqueren. „Nur" 50 Kilometer Dünenfahrt erwarten uns dort, für einen Erg von der Größe des Issaouane wirklich ein Engpaß. Da unsere Streckenbeschreibung in Ain El Hadjadj endet, wissen wir nicht, ob unser Vorhaben überhaupt durchführbar ist. Schlimmstenfalls müssen wir 150 Kilometer nördlich von hier, am Ende der riesigen Sackgasse zwischen den beiden Dünenmeeren, wieder umkehren, die 300 Kilometer nach Illizi zurückfahren. Doch wollen wir zuerst in der Sicherheit des Brunnens einen Pausen- und Wandertag einlegen, am Fuß des Erg Issaouane nach neolithischen Werkzeugen suchen.

Im Gegensatz zu vielen anderen Wasserstellen der Sahara ist Ain El Hadjadj ein sehr angenehmer Ort. Keinerlei Zivilisationsmüll verschandelt den Brunnen. In der Tiefe des gemauerten Schachtes spiegeln sich unsere Gesichter in einem sauber wirkenden Wasserspiegel. Kalt und klar ist das Naß, bringt mit Sicherheit nur wenig Arbeit für die Entkeimungstabletten. Reste handgedrehter Seile und ein zerlöcherter Ziegenleder-Eimer zeugen von sporadischer menschlicher Anwesenheit. Im flachen Tiertränkebecken neben dem Brunnen ist sogar noch reichlich Wasser. Bei der momentanen Hitze heißt das, daß gestern, allerhöchstens vorgestern, noch Nomaden hier gelagert haben. Vielleicht treffen wir sie noch auf der Weiterfahrt.

In dem Becken treibt ein toter Vogel. Ich fische ihn heraus und merke, daß er doch noch ein Fünkchen Leben in sich hat: Das Herz schlägt schwach unter dem durchnäßten Gefieder. Es ist ein anderes Exemplar unseres „Wundervogels" von heute vormittag, eine Schwalbe. Ich spreize ihre Flügel, „föhne" sie im lauwarmen Wüstenwind trocken. Nach einer Weile wird das Tier ein wenig munterer. Ich bringe es zu unserem Lagerplatz unter dem Schatten einer uralten Riesentamariske, nicht weit vom Brunnen. Im Lauf von einer Stunde kommt die völlig erschöpfte Schwalbe langsam wieder zu Kräften, frißt uns sogar Brotkrümel aus der

Langsam erholt sich die halbertrunkene Schwalbe wieder

Hand. Es dauert nicht mehr lange, bis sie nach einer Reihe zaghafter Flugversuche elegant davonsegelt.

Mitten in der Nacht werden wir durch eigenartige Geräusche aufgeweckt: Langsame, tapsende Schritte und tiefes, geradezu asthmatisches Atmen tönt vom Brunnen zu uns herüber. Wir starren in die Dunkelheit. Es ist Neumond. Auch das Sternenmeer des Saharahimmels macht die Schwärze nicht durchsichtig genug. Ein neuer Laut ist zu hören: erst sekundenlanges schlürfendes Plätschern, kurze Pause, dann ein Geräusch, wie wenn man einen Behälter voll Wasser aus einem Meter Höhe in ein großes, hohles Behältnis schüttet.

Das können nur Kamele sein. Der Taschenlampenstrahl bestätigt die Vermutung, vertreibt die beiden Tiere jedoch erst einmal vom Brunnen. Fünf Minuten später tapst und atmet, schlürft und gluckst es jedoch von neuem. Zum Glück haben wir das Tränke-becken heute nachmittag gut aufgefüllt.

Den folgenden Tag verbringen wir mit Wanderungen in den Ausläufern des Erg Issaouane. Nur während der Mittagshitze zwischen elf und drei Uhr halten wir Siesta im Schatten einer Riesentamariske. Das Thermometer zeigt 44 Grad im Schatten und 80 in der Sonne!

Am späten Nachmittag fahren wir mit unbeladenen Maschinen kilometerweit in den Erg hinein, suchen an freigewehten Stellen nach Interessantem. Pfeilspitzen, Faustkeile und eine wunder-schöne Steinsichel sind neben zahllosen fossilen Straußeneier-schalen unsere Ausbeute. Aber auch eine ganze Menge alter Gewehrkugeln und Patronenhülsen liegen herum. Die Gräber-piste scheint also tatsächlich einmal Kampfschauplatz gewesen zu sein.

Am späten Vormittag des vierten Tages seit Illizi befinden wir uns rund achtzig Kilometer nordwestlich von Ain El Hadjadj. Teils auf den Resten der alten Piste, teils querfeldein sind wir am westlichen Rand des Erg Issaouane entlanggefahren. Weit vor uns taucht eine lange Reihe von Kamelen auf. Es ist eine Karawane von vielleicht dreißig Tieren und einer Handvoll Menschen, vermutlich die Nomaden, die vor drei Tagen am Brunnen von Ain El Hadjadj gelagert haben. Ein Teil der Kamele scheint noch nicht zugeritten zu sein, geht bei unserer Annäherung durch, gebärdet sich wie verrückt. Wir stellen die Motoren ab, bleiben in etwa hundert Meter Entfernung stehen. Zwei der sechs Tuareg kommen zu uns herübergelaufen. Sie sind sehr zurückhaltend, geradezu scheu. Zumindest freuen sie sich über ein Päckchen Zigaretten. Eine Unterhaltung ist nur per Zeichensprache möglich. Den Bereich der französischen Amtssprache haben wir seit Illizi schon längst verlassen. Es scheint, daß wir auf Leute getroffen sind, die sich selten oder nie in der Nähe der großen Pisten und Oasen aufhalten. Vielleicht gehören sie zu den Nomadenstämmen, die auf den Ebenen im Innern des Erg Issaouane leben, mit dem Rest Algeriens selten in Berührung treten. Sie sind offenbar auf dem Rückweg von der Plaine d'Amadror. Die riesige Ebene beginnt etwa 250 Kilometer südlich von hier und dient vielen Tuaregfamilien als „Kamelreservoir".

Am Nachmittag desselben Tages erreichen wir den Brunnen von Hassi Tabelbalet. Schon seit Kilometern sehen wir eine riesige Dattelpalme, quälen uns voller Vorfreude auf das kühle Naß über extrem holpriges Gelände darauf zu. Die Palme ist ein Prachtexemplar, das Loch davor hat die Ausmaße eines Swimmingpools. Was wir aus der Entfernung für die Reflexion des blauen Himmels auf dem Wasserspiegel halten, bereitet uns, aus der Nähe betrachtet, einen Schock: Eine stinkende, bläulich schillernde Brühe füllt die Grube. Wären wir nicht in dieser verlassenen Gegend, könnte man glauben, jemand hätte Altöl hineingeschüttet. Vielleicht sieht es aber auch nur so aus, wenn ein Kamel in einem Wasserloch verwest, denn ein kadaverähnliches großes Etwas scheint auf dem Grund zu liegen.

Hundert Meter entfernt stehen mehrere riesige Tamarisken, sorgen mit ihrem dichten Nadeldach für eine große Fläche mit ewigem Schatten. Dort ist erst der richtige Brunnen. Ähnlich wie in Ain El Hadjadj ist der Schacht gemauert, der Blick hinunter allerdings weniger schön: Ein halbes Dutzend toter, bereits stark verwester Vögel schwimmt auf der Wasseroberfläche. Wir sind uns nicht sicher, ob von Tierkadavern verseuchtes Wasser mit meinem Entkeimungsfilter trinkbar gemacht werden kann. Auch Carsten weiß nicht genau, ob Leichengift neben Bakterien nicht auch gelöste Stoffe enthält. In diesem Fall wäre der Filter wirkungslos.

Karawane am Rand des riesigen Erg Issaouane

Die nicht mehr weit vor uns liegende Überquerung des Erg Issaouane wollen wir in jedem Fall mit vollen Wasserreserven in Angriff nehmen. Wir rechnen mit dem schwersten Gelände der bisherigen Reise und entsprechender Kraftanstrengung, zumal es von Tag zu Tag heißer wird. Auch Orientierungsprobleme sind nicht unwahrscheinlich, denn von der alten Piste dürfte im Inneren des Erg nicht mehr viel zu sehen sein.

Wir beschließen, unser Glück bei der letzten Wasserstelle vor dem Erg zu versuchen. Etwa zwanzig Kilometer nördlich von hier liegt Hassi Touskerine, erkennbar an einer einzigen Dattelpalme in einer ansonsten nur von einigen Akazien bestandenen Ebene. Diese jetzt so wichtige Information besitze ich von einem Freund, der die Khanfoussapiste im letzten Jahr mit seinem Allradauto gefahren ist.

Entgegen unserer IGN-Karte führt die alte Piste nicht um den Djebel Mellene herum, sondern erklimmt ihn in zahlreichen holprigen und steilen Serpentinen. Hassi Touskerine ist jedoch nirgendwo zu sehen.

Der Anblick, der sich uns vom Grat des Djebel Mellene bietet, versetzt uns einen Schock, macht uns klar, daß wir den Brunnen finden *müssen*, bevor wir uns in dieses Unternehmen stürzen: Die kleine Piste verschwindet ein Stück vor uns in einer Sandwand von deprimierender Riesenhaftigkeit. Es müssen mehrere hundert Höhenmeter sein, die allein bei der Auffahrt in den Erg Issaouane zu überwinden sind. Wir kehren um, allerdings nicht auf der Piste, sondern außen um die Nordspitze des Djebel Mellene herum. Das in der Karte verzeichnete Tal zwischen Erg und Berg existiert nicht mehr, ist völlig von den Sandmassen verschüttet. Vorsichtig tasten wir uns über die riesigen Dünenhänge, bis sechs Kilometer weiter die Piste wieder auftaucht. Wo in aller Welt ist nur der Brunnen? Es scheint ihn nicht mehr zu geben. Also zurück bis Hassi Tabelbalet.

Einige hundert Meter weiter fällt mir unmittelbar am Hang des Djebel Mellene ein ungewöhnlich großer Busch auf. Wir fahren darauf zu. Es ist die Palme. Wir hatten sie schon vorher passiert, nur eben nicht bemerkt. Sie sieht auch völlig anders aus als erwartet: eine von Schilfgestrüpp umgebene kaum drei Meter hohe stammlose Dattelpalme. Das Wasserloch ist recht versteckt. Bei der Suche danach schrecken wir erst mal eine Schlange auf. Drei Schwalben, verwest bis zur Unkenntlichkeit, treiben in dem kleinen Tümpel!

Wir entscheiden uns trotzdem zum Filtern des Wassers, nehmen uns aber vor, es nur im Notfall zu trinken. Mit ausgefeilter Pumptechnik verwandeln wir 40 Liter „Geflügelsuppe" in kristallklares Wasser, eine gute Stunde Knochenarbeit, während der Carsten gelegentlich an der Ausbeute schnuppert, plötzlich aber einen Riesenschluck in sich hineinkippt. Wenn das nur gutgeht! Eine Stunde nach der Schufterei hocken wir im löchrigen Schatten einer dürren, kleinen Akazie. Carsten ist noch immer fit. Weniger aus Solidarität als aus Durst trinken wir nun alle von dem gefilterten Wasser.

Um vier Uhr ist die größte Hitze vorüber. Wir wollen versuchen, heute noch bis zum Gara Khanfoussa zu kommen. Vorher heißt es jedoch, meinen Hinterreifen zu flicken. Das Versäumnis, den für die Sandfahrt reduzierten Luftdruck auf der harten Piste wieder zu erhöhen, habe ich mit einem Plattfuß bezahlt.

Die Rückfahrt zum Einstieg in den Erg wird ein Erlebnis besonderer Art. Der Sand ist relativ fest, die Dünenhänge sind so rund und sanft geformt, daß wir immer übermütiger werden. Wie Ameisen an einer Hauswand rasen wir mit bis über hundert Sachen den kilometerlangen Ergrand entlang. Immer höher wagen wir uns hinauf, fahren am Schluß riesige Bögen bis nahe an die Dünenkämme. Jede Talfahrt bringt Achterbahn-Feeling in der Magengegend. Die Dünenhänge hallen vom Donnern der Einzylinder genauso wider wie von unseren Jubeljauchzern. Als wir uns ausgetobt haben, ist es schon kurz vor Sonnenuntergang. Es wird Zeit, daß wir nun endlich in den Erg hineinfahren.

Mit einem mulmigen Gefühl im Bauch stehe ich auf der Piste. Hundert Meter weiter beginnt die Steigung. Ganz oben am Horizont ist der Dünengrat. Hoffentlich ist es auf der anderen Seite nicht zu steil! Mit Vollgas beschleunige ich das Motorrad, bin im vierten Gang, als die Piste im Sand verschwindet. Der Dünenhang wird schnell steiler. Die Entfernung bis zum Gipfel scheint viel größer zu sein als geschätzt. Dritter Gang, zweiter Gang, nur nicht den Haltepunkt verpassen! Plötzlich ist die Kante des Grates dicht vor uns. Ich gehe vom Gas. Es paßt haargenau: Das Vorderrad hat den Grat überquert, kippt langsam talwärts. Ich gebe Vollgas, halte das Hinterrad auf maximalen Zug, damit nur ja das Vorderrad nicht einsinkt und wir nicht per Salto mortale über den Lenker fliegen. Auf der anderen Seite geht es nicht sehr weit hinunter. Zehn Höhenmeter tiefer ragt der Damm der alten Piste aus dem Sand, verschwindet erst einige hundert Meter weiter in der nächsten Düne.

Christophe und Carsten packen's auch. Nun sind wir drin im Erg Issaouane! Wenn es so weitergeht, dürfte die Durchquerung kein Problem werden.

Der Optimismus war zu früh. An der dritten Steilauffahrt beendet ein geplantes Action-Foto unsere bisherige Glückssträhne. Susanne steht mit der Kamera in Position. Ob Publikumsstreß oder einfach nur 50 Kilo weniger auf dem Sozius, jedenfalls verschätze ich mich ganz gewaltig, springe regelrecht über den Dünengrat und stürze auf der anderen Seite spektakulär ab. Mein rechter Fuß ist um 180 Grad verdreht unter der Maschine eingeklemmt. Ein schier unerträglicher Schmerz durchzuckt mein ganzes Bein.

Für heute ist der Fahrtag beendet. Dennoch habe ich Glück im Unglück. Nichts ist gebrochen oder gerissen. Die Schmerzen sind allerdings brutal. Hoffentlich hilft unsere altbewährte Bienengiftsalbe auch diesmal!

Am nächsten Morgen kann ich tatsächlich wieder vorsichtig auftreten und sogar das Motorrad mit dem linken Bein antreten. Mein Wehwehchen ist jedoch angesichts des starken Windes, der im Lauf der Nacht eingesetzt hat, ohnehin nur noch nebensächlich: Das Inferno eines Sandsturmes tobt um uns herum!

Die Sichtverhältnisse sind fast noch schlechter als vor einer Woche im Erg Admer. Doch von hier gibt es kein Zurück mehr für uns. Wie im Blindflug irren wir durch das Chaos aus Sand und Wind. Unsere einzige Hoffnung ist jetzt, wenigstens die Richtung des Gara Khanfoussa einhalten zu können: Norden.

Unüberwindbare Sandgebirge zwingen uns jedoch immer wie-

der zu riesigen Umwegen. Wir wissen, daß unsere Tageskilome-
terzähler wegen des sandbedingten starken Reifenschlupfes nicht
stimmen können. Als dann aber mehr als fünfzig Kilometer auf
der Uhr stehen, befürchten wir ernsthaft, den Berg trotz seiner
Größe verpaßt zu haben. Wir halten auf einer freigewehten,
steinigen Ebene an. Die Sicht beträgt vielleicht noch hundert
Meter. Sandböen peitschen auf uns ein. Womit haben wir das
verdient? Seit Tagen ist es windstill, kaum sind wir in einem Erg,
fängt es an zu blasen.

„Da ist er doch!" ruft Susanne plötzlich. Schemenhaft und kaum
erkennbar zeichnen sich die Umrisse des riesigen Geröllhaufens
im Sandsturm ab. Er ist direkt vor uns, füllt fast das ganze
Blickfeld aus. Nichts wie raus aus dem Sandstrahlgebläse! Wir
suchen die Piste, die auf den Gipfel des Geröllmassivs führen soll,
fahren um den halben Berg herum, ehe wir sie finden: ein steiler
Holperpfad der letzten Kategorie, im unteren Teil auch noch total
versandet. Schließlich sind wir oben, befinden uns auf dem
gottverlassensten Platz, den ich bisher gesehen habe. Der Sturm
tobt auch hier, trägt aber lange nicht soviel Sand mit sich. Fässer,
das Wrack eines Jeeps und ein Paar alte Militärstiefel neben einer
Ruine sind die letzten Zeugen kolonialer Vergangenheit.

Rund zweihundert Meter überragt der Gara Khanfoussa die
umliegenden Dünen. Von hier oben ist deutlich eine Passage in
Richtung Westen zu sehen. Wir folgen der vom Gipfel herunter-
führenden Piste. Schon bald ist sie wieder unsichtbar. Dafür
treffen wir auf vereinzelte Markierungsstangen.

Kaum haben wir den Dünenkessel, in dem der Khanfoussa liegt,
Richtung Nordwesten verlassen, läßt der Wind etwas nach, die
Sicht wird deutlich besser. Auf einer weiträumigen „Achterbahn"
aus auf und ab schwingenden Dünentälern fliegen wir mit einem
Schnitt von über 70 km/h dahin. 35 Kilometer weiter geht der Erg
allmählich in die weite Ebene des nördlichen Qued Igharghar

über. Wir haben es geschafft, sind wieder in bekanntem Gebiet. Schließlich tauchen die ersten der schon so oft passierten Blechhäuschen auf: die Piste nach Amguid. Wir fühlen uns, wie in die Zivilisation zurückgekehrt. Es ist eben alles relativ.

Am Abend lagern wir alle unterhalb des „Schichttorten"-Abbruchs von Tinrhert. Langsam, aber sicher ergreift uns die melancholische Abschiedsstimmung einer beendeten Reise. Morgen mittag werden wir kurz vor Hassi bel Gebbour die Teerstraße erreichen. 350 Kilometer weiter, in Hassi Messaoud, wird der Kreis dieser Wüstenfahrt geschlossen sein.

Besonderen Dank für ihre Unterstützung und Hilfe auf vielen Saharareisen gilt den beiden Tuareg Cheikh Mellakh aus Tamanrasset und Hadjii Abderrahmane aus In Salah

Reisetips

Anreise

Zwischen Europa und Nordafrika verkehren eine ganze Reihe von
Fährschifflinien. Die Preise unterliegen häufigen Erhöhungen.
Die genannten Beträge sind daher nur Richtwerte. Sie beziehen
sich auf die vor Ort zu bezahlenden Preise. Wer auf Nummer
Sicher gehen will und seine Passage im voraus schon zu Hause
bucht, zahlt wesentlich mehr als vor Ort. Für Motorradfahrer, die
in der Touristenklasse fahren, ist eine vorherige Reservierung in
der Regel nur zu Hauptreisezeiten (Weihnachten und Ostern)
erforderlich.

Fähren nach Algerien
Route Marseille – Algier:

Linie:	SNCM	
Abfahrten:	täglich	
Fahrzeit:	20 Stunden	
Fahrpreise:	pro Person einfach:	rund 250 DM
	pro Person retour:	rund 450 DM
	Studentenermäßigung: keine	
	Motorrad einfach:	rund 170 DM
	Motorrad retour:	rund 300 DM

Fähren nach Marokko

Route Sète – Tanger:

Linie:	Comanav	
Abfahrten:	2 × wöchentlich	
Fahrzeit:	38 Stunden	
Fahrpreis:	pro Person einfach:	rund 350 DM
	pro Person retour:	rund 650 DM
	Studentenermäßigung bis 26 Jahre: 10%	
	Motorrad einfach:	rund 180 DM
	Motorrad retour:	rund 300 DM

Fährschiffe nach Tunesien

Route Genua – Tunis:

Linie:	CTN	
Abfahrten:	1 × wöchentlich	
Fahrzeit:	24 Stunden	
Fahrpreis:	pro Person einfach:	rund 200 DM
	pro Person retour:	rund 350 DM
	Studentenermäßigung bis 21 Jahre: 10%	
	Motorrad einfach:	rund 150 DM
	Motorrad retour:	rund 250 DM

Route Trapani (Sizilien) – Tunis:

Linie:	Tirrenia	
Abfahrten:	1 × wöchentlich	
Fahrzeit:	11 Stunden	
Fahrpreis:	pro Person einfach:	rund 100 DM
	Motorrad einfach:	rund 90 DM
	Rückfahrermäßigung: keine	
	Studentenermäßigung: keine	

Route Marseille – Tunis:

Linie: SNCM oder CTN
Abfahrten: 2 × wöchentlich
Fahrzeit: 24 Stunden
Fahrpreis: pro Person einfach: rund 240 DM
                pro Person retour: rund 450 DM
                Studentenermäßigung: keine
                Motorrad einfach: rund 130 DM
                Motorrad retour: rund 220 DM

Einreisebestimmungen

Visum

Erforderlich für Deutsche und Österreicher, nicht für Schweizer.
Antragsformulare sind gegen Beilage eines frankierten und adressierten Rückumschlags bei den Botschaften unter nachstehenden
Adressen anzufordern:

Algerische Botschaft in der Bundesrepublik Deutschland:
Rheinallee 32
5300 Bonn 2
(Tel. 02 28/8 20 70)

Algerische Botschaft in Österreich:
Rudolfinergasse 18
1190 Wien
(Tel. 02 22/36 88 53)

Die Visaanträge sollte man erst rund drei Wochen vor Reisebeginn abschicken. Früher eingereichte Anträge bleiben in der Regel
bis zu dieser Frist unbearbeitet. Es ist ratsam, sich peinlichst an die
Hinweise des mit den Antragsformularen geschickten Beiblattes

zu halten. Jede Unregelmäßigkeit, z. B. bei Zahlungsmodalitäten (30,– DM), nicht ausreichende Frankierung oder das Fehlen des Rückumschlags haben das Zurückschicken der unbearbeiteten Anträge zur Folge.

Man sollte vorsichtshalber immer einen längeren Aufenthaltszeitraum und mehr Einreisen beantragen, als eigentlich geplant sind. Visumverlängerung ist im Land nur auf den *Wilayas* (Regionalverwaltungen) möglich. Einige Tage Wartezeit. Bei Algerischen Botschaften in anderen Ländern werden in der Regel keine Visa ausgestellt. Sind im Paß bereits Visa von Israel oder Südafrika enthalten, wird kein Algerienvisum erteilt. Der Reisepaß muß noch sechs Monate Gültigkeit besitzen. Die Fotos für die Antragsformulare dürfen nicht stark vom Paßfoto abweichen.

Impfbestimmungen (s. S. 203)

Kraftfahrzeugversicherung
Deutsche, Österreicher und Schweizer müssen an der Grenze oder bei der nächsten Versicherungsniederlassung eine Haftpflichtversicherung abschließen. Die Internationale grüne Versicherungskarte wird nicht anerkannt. Eine dreißig Tage gültige Versicherung für ein Motorrad kostet inklusive Steuer und Stempelgebühr 80 algerische Dinar (1988).

Einfuhrbestimmungen für Motorräder
Motorräder können bis zu 90 Tagen zoll- und steuerfrei nach Algerien eingeführt werden. Bei Benutzung eines Fahrzeugs, das einem nicht selbst gehört, ist die Vorlage einer „Internationalen Vollmacht" erforderlich. Sie ist bei den Kfz-Zulassungsstellen erhältlich.

Internationaler Führerschein

Erforderlich für Deutsche. Österreicher benötigen die rosa Fassung ihres Führerscheins. Schweizer lediglich den nationalen Führerschein.

Zollbestimmungen

Zollfrei, aber deklarationspflichtig dürfen eingeführt werden:
– 2 Fotoapparate mit je 10 Filmen
– 1 Filmkamera mit 10 Filmen
– 1 Tonbandgerät mit zwei Bändern
– 1 Radiogerät
– 1 Fernglas
Ebenfalls zollfrei sind:
– 200 Zigaretten oder 50 Zigarren oder 250 g Tabak
– 2 l Wein oder 1 l Spirituosen

Devisenbestimmungen

Jeder Tourist muß pro Einreise einen Zwangsumtausch von 1000,– algerischen Dinar leisten (Frühjahr 1988 rund 350,– DM). Im Ausland und auf dem Schwarzmarkt werden Algerische Dinar zu weniger als einem Drittel dieses Kurses gehandelt. Die Einfuhr von mehr als 30 Dinar ist verboten. Sonstiges Geld muß in ein Deklarationsformular eingetragen werden, das sowohl unterwegs (bei überraschenden Kontrollen an Ortsein- und -ausfahrten) als auch bei der Ausreise vorgewiesen werden muß: Eingeführte Devisen minus Pflichtumtausch (und andere Wechselbestätigungen von Banken oder autorisierten Hotels) müssen die vorhandene Restsumme ergeben. Das Schmuggeln von „Schwarzgeld" steht ebenso unter hohen (Gefängnis-)Strafen wie das Wechseln auf dem Schwarzmarkt.

Schiff- und Flugtickets ins Ausland müssen mit offiziell (zusätzlich zum Zwangsumtausch) gewechselten Dinar bezahlt werden, organisierte Touren auf das Tassili N'Ajjer mit offiziell getauschtem Geld unter Vorlage der Devisen-Deklaration.

Algerien erscheint zum offiziellen Wechselkurs genauso teuer wie z. B. die Bundesrepublik Deutschland, zum Schwarzmarktkurs hingegen äußerst billig. Der Pflichtumtausch von 1000 Dinar ist für den Motorradreisenden, der drei bis vier Wochen in Algerien bleibt, etwa kostendeckend. Wer auf dem inländischen Schwarzmarkt wechselt, geht doppeltes Risiko ein: Erstens muß er undeklarierte Devisen in das Land schmuggeln; zweitens setzt er sich den typischen Gefahren des Schwarzmarktes aus, nämlich betrogen, bestohlen oder von einem Scheinhändler des algerischen Zolls verhaftet zu werden.

Wer im Ausland billig gekaufte Dinar nach Algerien schmuggelt, muß die offiziell (laut Devisenerklärung und darin eingetragenen Wechselvorgängen) vorhandene Geldmenge ständig mit der versteckten Geldmenge abstimmen. Plötzliche und unerwartete Zollkontrollen am Straßenrand werden in Algerien immer häufiger. Jeder muß selbst entscheiden, ob ihm ein paar gesparte Mark Risiko und Nerven wert sind.

Adressen der diplomatischen Vertretungen in Algerien:
Botschaft der Bundesrepublik Deutschland
165 Chemin Sfindja
B. P. 664, Algier
Tel. 63 48 27/45/46 (Sonntag bis Donnerstag, 8 bis 12 Uhr)

Österreichische Botschaft
„Le Vergers" Rue 2, Lot Nr. 9
Birmandreis, Algier
Tel. 56 26 99

Schweizer Botschaft
27 Bd. Zirout Youcef,
B. P. 482, DZ-Alger-Gare
Tel. 63 39 02, 63 83 12, 64 65 91

Reiseversicherungen

Sehr empfehlenswert ist der Erwerb eines in Algerien gültigen *Auslandsschutzbriefes.* Geradezu spezialisiert ist der ADAC auf den Rücktransport defekter Motorräder. Auch der Krankenheimtransport ist durch den Schutzbrief abgedeckt.

Reisegepäckversicherungen sind für Motorradfahrer nur dann sinnvoll, wenn das sog. „Campingrisiko" mit abgedeckt ist. In der Sahara ist das Diebstahlrisiko jedoch äußerst gering.

Eine *Reisekrankenversicherung* deckt während der Reise auftretende Arzt-, Medikamenten- oder Krankenhauskosten ab. Diese müssen in Algerien jedoch zuerst bar bezahlt werden.

Klima

Temperaturen
Die angenehmsten Monate für Motorradreisen in der algerischen Sahara sind Oktober und November sowie Februar, März und April. Die höchsten Tagestemperaturen liegen dann zwischen 25 und 35 Grad Celsius im Schatten. Anfang bis Mitte Oktober und Mitte bis Ende April können auch Maxima von knapp 40 Grad auftreten. Jedoch sind bei der sehr geringen Feuchtigkeit und Verschmutzung der Saharaluft 40 Grad angenehmer zu ertragen als 30 Grad in einer mitteleuropäischen Großstadt.

Die tiefsten Nachttemperaturen liegen in den genannten Monaten zwischen 15 und 5 Grad Celsius. Mitte bis Ende November und Anfang bis Mitte Februar kann es vor allem in Gebirgslagen auch noch bis an die Null-Grad-Grenze heruntergehen. In den Monaten Dezember und Januar ist es auch tagsüber eher kühl mit höchstens 20 Grad. Nachts können die Temperaturen deutlich unter den Gefrierpunkt fallen, in Hochlagen habe ich schon mehrfach Tiefsttemperaturen von bis unter zehn Grad minus gemessen. Die Tage sind in diesen beiden Monaten sehr kurz: Rund 14 Nachtstunden stehen 10 Tagstunden gegenüber.

Von Ende Mai bis Mitte September ist von *Offroad*-Motorradreisen durch die Sahara abzuraten. Ohnehin sind zu dieser Zeit für den Motorradfahrer nur regelmäßig befahrene und in kurzen Abständen mit Wasser versorgte Hauptpisten ohne unverantwortliches Risiko machbar. Die Tagestemperaturen bewegen sich im Sommer bis um die 50 Grad im Schatten. Auch nachts kühlt es wegen der starken Aufheizung des Bodens kaum mehr unter 30 Grad ab.

Sandstürme und Niederschläge

Die größte Gefahr von Sandstürmen besteht vom späten Frühjahr bis einschließlich Sommer. Aber auch zu anderen Jahreszeiten kommen nicht selten Sandwinde vor, die für Motorradreisende bereits sehr unangenehm sein können. Am sichersten ist man vor Sandstürmen im Spätherbst und Winter. Daher ist dies auch für fotografisch ambitionierte Reisende wegen der meist klaren Sichtverhältnisse die interessanteste Reisezeit.

Regenfälle kommen in der algerischen Sahara häufiger vor, als dies das Klischee von der trockenen Wüste erwarten läßt. Normalerweise regnet es nur in den Sommermonaten. Vor allem in gebirgigen Regionen sind mehr oder weniger heftige Schauer nicht selten. Doch auch die Sahara bleibt von der allgemeinen Klimaverschiebung des Erdballs nicht verschont: Im Winter und Frühjahr 1988 ereigneten sich in Zentral- und Südalgerien die schlimmsten Regenfälle seit über 60 Jahren. Es bildeten sich Seen

und reißende Flüsse, die zahlreichen Menschen das Leben koste-
ten. Selbst Hauptrouten waren tagelang unpassierbar.

Übernachtung

Hotels

Folgende Oasenstädte im Bereich der algerischen Sahara besitzen
Hotels: Laghouet, Bou Saada, El Qued, Touggourt, Quargla,
Ghardaia, El Golea, Timimoun, Adrar, In Salah, Tamanrasset,
Djanet. Das Spektrum reicht von auch nach europäischen Maßstä-
ben gehobenen Hotels, wie z. B. *Les Rostemides* in Ghardaia oder
Tahat in Tamanrasset, bis zum *Zeribas* in Djanet, einem Schilf-
hüttenhotel.

Campingplätze

Offizielle Campingplätze gibt es in El Qued, Touggourt, Ghardaia,
El Golea, Timimoun, Reggane, In Salah, Tamanrasset und Djanet.
Die Plätze von El Golea (nördliche Stadteinfahrt, Nähe Tankstelle), von In Salah (Besitzer Hadjii Abderrahmane, dem auch das
berühmte Restaurant *Carrefour* gehört), von Tamanrasset *(Hotel
Dassine)* und von Djanet *(Hotel Zeribas)* halte ich grundsätzlich
für empfehlenswert. Sie sind relativ schön angelegt, gepflegt und
sicher. Lediglich in Tam sollte man nicht direkt an der Ummaue-
rung des Platzes zelten: Kinder „angeln" von oben nach Gepäck.

Wer natürlich mit europäischen Ansprüchen in die Wüste
fährt, der wird auch auf den genannten Plätzen aus dem Schimpfen nicht herauskommen, sei es wegen der chronischen Wasser-
knappheit oder den hygienischen Verhältnissen.

„Wildes" Camping

Am schönsten ist es natürlich, irgendwo in der „Pampa" zu
kampieren. Man wählt seinen Schlafplatz nach ästhetischen

Gesichtspunkten aus: herrlich geschwungene Dünen, malerische Felsgruppen, romantische Täler. Auch Schutz vor dem in der Sahara fast immer und überall wehenden Wind ist ein weiteres Kriterium. An folgendes sollte man denken:

- Nicht auf Pisten übernachten: einheimische Nachtfahrer! Wenn die Breite des von Spuren durchpflügten Bereichs zig Kilometer beträgt (z. B. zwischen Amguid und Bordj Omar Driss), kann man die Piste nicht ohne weiteres verlassen. In diesem Fall ist es ratsam, im Bereich größerer Bäume, Felsen oder anderer Punkte zu zelten, deren Silhouette von einem nachts fahrenden Trucker schnell erkannt werden kann.

- In Wadis nur an erhöhten Punkten kampieren. Diese nur periodisch wasserführenden Flußtäler werden gelegentlich von richtigen Flutwellen durchflossen, die irgendwo in der Ferne durch einen heftigen Regenguß und das Zusammenfließen vieler kleiner Zuflüsse entstehen.

- Nicht zu dicht an Wasserstellen und Brunnen lagern: Nachts trifft sich hier großes wie kleines Getier auf einen „Drink".

- Nicht in unmittelbarer Nähe von Tierbauten übernachten.

- Lagerfeuer: Den Abstand zu Fahrzeug und Lagerplatz so groß wählen, daß auch bei starkem und sich drehendem Wind keinerlei Gefahr durch Funkenflug besteht. Das Feuer vor Abfahrt und auch vor dem Zubettgehen mit Sand löschen.

- Abfälle: Man sollte versuchen, einen Lagerplatz vor der Weiterfahrt in einen Zustand zu versetzen, als sei man nie dagewesen: Also, brennbaren Abfall ins Feuer, unbrennbaren so tief vergraben, daß weder Sturm noch Wüstenfüchse oder Schakale den ganzen Müll wieder an die Oberfläche befördern können!

Medizinische Vorsorge für Saharareisen

Grundsätzlich ist es empfehlenswert, sich vor einer Saharareise bei einem tropenmedizinischen Institut nach dem gegenwärtigen Stand der Impfbestimmungen zu erkundigen.

Impfungen und Prophylaxe

Pocken: Diese Krankheit gilt als ausgerottet. Deshalb besteht heute weltweit kein Impfzwang mehr.

Gelbfieber: Die Infektionsgebiete liegen in Schwarzafrika und der Sahelzone. Eine Impfbescheinigung wird bei Einreise nach Algerien verlangt, wenn die Einreise aus einem dieser Länder erfolgt. Die Impfung schützt für zehn Jahre.

Cholera: Die Schutzimpfung gilt sechs Monate und bietet begrenzten Schutz vor Ansteckung. Impfbescheinigung ist für Algerien nur bei Einreise aus Infektionsgebieten erforderlich.

Tetanus (Wundstarrkrampf): Für Motorradfahrer ein Muß. Eine einmal durchgeführte Grundimmunisierung (drei Spritzen) bietet sicheren Schutz für fünf bis zehn Jahre. Vor einer Reise sollte eine Auffrischimpfung durchgeführt werden, wenn die letzte Impfung länger als fünf Jahre zurückliegt. Dadurch verlängert sich der Schutz um weitere 5 bis 10 Jahre.

Poliomyelitis (Kinderlähmung): Auch Erwachsene können an ihr erkranken (dann meist schlimmere Verläufe als bei Kindern). Das Ansteckungsrisiko in Ländern der dritten Welt ist hoch. Nach der Grundimmunisierung rund zehn Jahre Schutz.

Typhus: Die Typhus-Schluckimpfung bietet Schutz für zwei bis drei Jahre. Die Impfung sollte eine Woche vor Reiseantritt abgeschlossen sein.

Hepatitis A (Gelbsucht): Medikamentöse Prophylaxe durch die menschlichen Abwehrstoffe „Gammaglobulin". Man sollte diese etwa drei Tage vor der Abreise vornehmen lassen. Danach besteht für vier bis sechs Wochen relativer Schutz vor einer Erkrankung an der häufigsten Form der infektiösen Gelbsucht. Gerade in der Anfangsphase einer Reise ist man durch die verschiedenartigen Umstellungen besonders gefährdet. Verbesserter Schutz auch gegen andere Infektionen.

Malaria: Die Bewässerungsflächen der Sahara-Oasen gelten als Lebensräume von mit Malariaerregern infizierten Anopheles-Mücken. Auch Brunnen, Wasserstellen und andere Punkte mit dem für Mücken lebensnotwendigen Feuchtbiotop gehören dazu. Eine nennenswerte Gefahr, von Mücken gestochen zu werden, besteht in der Sahara jedoch nur in der Dämmerung, und das auch nur in den wärmeren Monaten, also von Mitte März bis Mitte November. Nachts ist man vor Mücken von Anfang November bis Ende März weitgehend sicher: Es ist zu kalt. Über die Frage „Malaria-Prophylaxe: ja oder nein?" gehen selbst unter Medizinern die Meinungen auseinander. Fest steht, daß die bisher üblichen Malaria-Prophylaxen wegen der wachsenden Resistenz der Erregerstämme entweder relativ wirkungslos sind (Resochin) oder so gesundheitsschädlich, daß zu einer Einnahme nicht geraten werden kann (Fansidar). Angeblich wirksamer und weniger schädlich ist das neue Mittel Lariam, bzw. Mephaquin. Der beste Schutz gegen eine Erkrankung an der gefährlichen Malaria ist, sich nicht stechen zu lassen: Insektenmittel, stichfeste Kleidung, Zelt oder Moskitonetz verwenden!

Reiseapotheke
Bei der folgenden Zusammenstellung handelt es sich um eine persönliche Empfehlung. Den eigenen „Schwachpunkten" ent-

sprechend, sollte man von bestimmten Medikamenten einen größeren Vorrat mitnehmen. Die folgenden Mengenangaben gelten für eine Person.

Medikamente

Aspirin: 30 Tabletten
Anwendung: Fieber, (Kopf-)Schmerzen, Grippe, Entzündung.

Antibiotika:
  Baktrim oder *Eusaprim:* 20 Tabletten
  Anwendung: schwere Erkrankungen im Bereich Niere, Blase, Lunge, Bronchien, Hals, Ohren, Nasennebenhöhlen, Darm. Auch bei Gonorrhoe (Tripper).

  Neomycin-Augensalbe: 1 Tube
  Anwendung: eitrige Bindehautentzündung, „Gerstenkorn", Augenverletzungen.

  Panotile: 1 Fläschchen
  Anwendung: Entzündung des äußeren Gehörganges.

Amuno oder *Voltaren:* 15 – 30 Tabletten
Anwendung: starke Schmerzen, Schwellungen, Entzündungen im Bereich der Gelenke, Knochen, Muskeln (z. B. Kreuzschmerzen). Zurückhaltende Dosierung, da Magen-Darm-Beschwerden auftreten können!

Bepanthen-Augensalbe: 1 Tube
Anwendung: einfache, nicht eitrige Entzündung im Bereich der Nasenschleimhaut und Augenbindehaut.

Betaisodona-Salbe: 1 Tube
Anwendung: Wund-Desinfektion. Gute Wirksamkeit auf offenen Wunden, ersetzt das früher gebräuchliche Jod.

Spasmo-Cibalgin: 10 Tabletten
Anwendung: krampfartige Schmerzen (Koliken) im Bauch. Magen-, Darm-, Nieren-, Blasen-, Menstruationsbeschwerden.

Elotrans: 100 Beutel
Anwendung: Regenerierendes elektrolytisches Getränk nach starkem Wasserverlust.

Glaubersalz (Natriumsulfat): 100 g
Anwendung: bei hartnäckiger, mehrere Tage anhaltender Verstopfung, die sich nicht durch einfache Maßnahmen (Bewegung, Müsli, Leinsamen, Kaffee) löst. Vorsichtig dosieren, mit viel Wasser einnehmen, nicht Motorrad fahren!

Immodium: 20 Kapseln
Anwendung: Durchfall. Verschafft vorübergehend „Ruhe" durch Stillegung der Darmbewegung. Keine Dauertherapie. Nicht mehr als sechs Kapseln pro Tag einnehmen!

Kohlekompretten: 100 Kompretten
Anwendung: Einnahme während der ersten zwei Durchfalltage. Bei ständig dünnem Stuhl ein bis zwei Kompretten nach jeder Mahlzeit einnehmen. Bindet Giftstoffe im Darm, wirkt stopfend.

Maaloxan oder *Solugastril:* 15 bis 20 Beutel
Anwendung: Sodbrennen, Magenschleimhautentzündung

Mobilat (oder eine andere Sportsalbe):
Anwendung: Prellung, Zerrung, Verstauchung.

Paracetamol (z. B. Ben-u-ron) 500 mg: 10 Tabletten
Anwendung: hohes Fieber, Schmerzen. Nicht mehr als sechs Tabletten pro Tag einnehmen!

Otriven/Nasivin: 1 Fläschchen
Anwendung: Abschwellung der Nasenschleimhaut bei Schnup-
fen. Nicht länger als zehn Tage!

Paspertin: 10 Tabletten
Anwendung: Starke Übelkeit mit Erbrechen.

Pragman-Gelee (oder eine der vielen anderen kühlenden Salben):
gegen Juckreiz und Insektenstiche.

Rodavan: 5 Tabletten
Anwendung: Vorbeugung der Übelkeit bei Schiffs- und Flug-
reisen.

Wasserstoffperoxid (dreiprozentig): 1 Fläschchen
Anwendung: Reinigung verschmutzter Wunden.

Yxin-Augentropfen: 1 Fläschchen
Anwendung: Augenreizungen.

Verbandszeug
Pflaster; Hansaplast; Mullbinden; elastische Binden; Dreieck-
tuch; Verbandwatte; Pinzette; Schere; sterile Kompressen.

Hautschutz
Feuchtigkeits-Creme; Fettsalbe; Sonnencreme; Insektenmittel

Wichtig: 1 Tube *Cavil* zum Ersatz von herausgefallenen Zahnfül-
lungen.

Ratgeber für Wüstenreisen per Motorrad

Wüstenreisen per Motorrad haben eine ganz eigene, einem Nichtmotorradfahrer schwer verständlich zu machende Faszination. Vielleicht ist es die so hautnah erlebte Konfrontation und das gleichzeitige Harmonieempfinden mit den Gewalten und Schönheiten der Natur. Vielleicht sind es die unvergeßlichen Kontakte zu den in der Sahara lebenden Menschen (gerade als Motorradtourist in schwierig zu bereisenden Gebieten ist man immer wieder Objekt überwältigender Gastfreundschaft). Vielleicht ist es auch das sportliche Fahrerlebnis mit der Dynamik und unerreichten Geländegängigkeit eines pistentauglichen Motorrads.

Heute hat sich das ziemlich herumgesprochen, und es reisen sicher ein paar tausend Motorradfahrer jedes Jahr durch die Sahara. Noch in den siebziger Jahren war man auf zwei Rädern die große Ausnahme unter den Wüstenfahrern (siehe Kapitel „Transsahara 78"). Mit Planung, Vorbereitung und richtiger Ausrüstung hat man es inzwischen leichter: Spezialfirmen bieten Ausrüstung, Literatur, detaillierte Landkarten und neueste Infos an. Das Angebot an wüstentauglichen Motorrädern ist groß. Zubehör-Großtanks, saharataugliche Gepäckträger und Wüstenbereifung machen den Umbau einer Maschine einfacher. Auch die Sahara hat sich einige Zugeständnisse an ihre potentiellen Bezwinger abringen lassen. Neue Teerstraßen und Tankstellen haben viele Strecken entschärft.

Leider ist die Zahl von Unglücksfällen unter den zweirädrigen Wüstenfahrern trotzdem besonders hoch. Die Campingplätze von Djanet und Tamanrasset gleichen zur Hauptsaison nicht selten einem Feldlazarett für Motorradfahrer. Unzureichende oder falsche Ausrüstung, zu schwere Beladung und Selbstüberschätzung sind die Hauptursachen für Stürze. Unterschätzung der Orientierungsschwierigkeiten führen immer wieder zu lebensgefährlichen Irrfahrten. Nicht zuletzt die Rallye Paris–Dakar hat ein Zerrbild vom Motorradfahren in der Wüste geschaffen, das viele zu leichtsinniger und riskanter Fahrweise verleitet. Auch Streckenbeschreibungen können den Motorradfahrer, insbesondere den Saharaneuling, zu einer Fehleinschätzung der fahrtechnischen Schwierigkeiten führen: Alle bisher existierenden Routenbeschreibungsbücher sind aus der Sicht des Autoreisenden geschrieben. Für diesen ist beispielsweise die Problematik tiefer, sandiger Spurrinnen nur insoweit vorhanden, als das Auto vielleicht auf oder festsitzt. Für den Motorradfahrer sind diese oft viele Kilometer langen, knietiefen Sandfallen die Pistenart mit dem höchsten Sturzrisiko überhaupt.

Unter dem Aspekt, daß eine Motorrad-Wüstentour keine „wüste" Tortur werden soll, nachfolgend einige Tips.

Welches Motorrad?

Wer beabsichtigt, weite Entfernungen über Pisten zu fahren, sollte dies in keinem Fall mit einer Straßenmaschine tun. Ein solcher Trip ist in erster Linie eine Schinderei für Fahrer und Maschine. Will man mit einer solchen Aktion nicht irgend etwas beweisen (was sowieso nicht mehr geht, da selbst „Harleys" und „Gold Wings" sich schon durch die Sahara gefräst haben), ist man mit einer Enduro in jeder Beziehung besser dran.

Beladung

Gewicht einsparen, wo immer nur möglich und aus Sicherheitsgründen vertretbar (also nicht an Benzin, Wasser, Essen, Medikamenten)! Bei Motorradreisen durch die Wüste können schon 20 kg entscheidend dafür sein, ob aus einer Pistenfahrt ein Horrortrip oder ein sportlich angehauchtes Fahrvergnügen wird.

Besonders viele Gedanken sollte man sich über die Zusammenstellung von Werkzeug und Ersatzteilen machen. Genaue Abstimmung auf die Erfordernisse des jeweiligen Motorrads, Verwendung von qualitativ hochwertigem, leichtem und platzsparendem Werkzeug sowie Abwägung der Wahrscheinlichkeit bestimmter Defekte sind hier die Kriterien, die zu erstaunlichen Gewichtseinsparungen führen.

Dies gilt auch für Gepäckträgerkonstruktionen. Diese werden nicht durch Masse und Klobigkeit stabil, sondern durch – hinsichtlich der Statik – richtigen Aufbau: Zwei gerade Streben zwischen den vorderen Fußrastenhalterungen und der Rahmenheckschleife sind eine optimale Basis zur Befestigung von Koffern, Kanistern usw. Zudem wird die bei manchen Maschinen für extreme Belastung zu labile Rahmenheckschleife gegen den Hauptrahmen abgestützt. 20-l-Blechkanister wiegen leer schon 4,5 kg. Dazu addiert sich die notwendige Halterung. Ein Großtank erspart nicht nur dieses Gewicht, sondern ist auch der Fahrstabilität im Sand sehr zuträglich: Das Vorderrad wird mehr belastet und seine Führungskraft dadurch erhöht.

Im Gegensatz zu Benzinkanistern, die aus Sicherheitsgründen unbedingt aus Metall sein müssen, sollte man Wasser in Plastikbehältern transportieren. Voraussetzung ist die Unterbringung an einer sturzgeschützten Stelle, z. B. dem Soziussitz. Dieser eignet sich unter dem Aspekt günstiger Gewichtsverteilung gut für schwere Ausrüstungsgegenstände. Eine hochwertige Leichtgewichts-Campingausrüstung reduziert die Belastung von Maschine und Fahrer nochmals beträchtlich. Auch „Kleinigkeiten" nicht übersehen: 100 g hier und 100 g dort summieren sich letztendlich zu einem Kilogramm.

Bepackung

Zusätzlich nötige Kanister so nah, so tief und so weit vorne wie möglich befestigen, also in der Nähe des Gesamtschwerpunkts. Kein Gepäck an Telegabel, Lenker oder Scheinwerfer, wo es mitgelenkt werden muß! An Gabeltauchrohren befestigtes Material (z. B. Öldosen) erhöhen zusätzlich auch noch die ungefederten Massen! Viel Gewicht auf Gepäckträgern hinter der Sitzbank entlastet das Vorderrad: Katastrophales Fahrverhalten im Sand!

Bereifung

Die ideale Pistenbereifung ist möglichst breit, grobstollig und aus harter Gummimischung. Mit Straßenreifen ist Motorradfahren auf Pisten und im Gelände nichts weiter als Glückssache.

Orientierung

Als Motorradfahrer verfügt man nicht über die Benzin- und Wasserreserven eines Autoreisenden. Jeder größere Irrweg kann absolut lebensbedrohend werden! Auf Pisten daher in regelmäßigen, nicht zu langen Abständen Orientierungspausen einlegen. Hat man sich verirrt, keinesfalls abkürzen, sondern den eigenen Spuren entlang zurückfahren!

Auch vermeintlich einfache Strecken nie ohne Kompaß und eine ausreichend detaillierte Karte in Angriff nehmen.

Drei goldene Sicherheitsregeln

1. Tagesetappen auch auf leichten Pisten auf die Dauer nicht über 200 Kilometer veranschlagen. Nachlassende Kondition ist Sturzursache Nummer eins!
2. Auch stark frequentierte Pisten nicht im Alleingang befahren. Stürzt man und ist unter der Maschine eingeklemmt, besteht z. B. auch Gefahr, von einem der schnell fahrenden LKW überrollt zu werden.

211

3. Nie auf einer Piste, sei sie auch kilometerbreit, kampieren: nächtlicher LKW-Verkehr.

Schutzbekleidung

Eine längere Saharareise ohne den geringsten Ausrutscher ist sehr unwahrscheinlich. Im Sand geht so etwas meist harmlos aus: Haben sich Staubwolke und erste Panik gelegt, ist selten etwas Ernsthaftes passiert. Der Vergleich zum Skifahren liegt nahe.

Leider kommen Stürze jedoch auch auf weniger weichem Untergrund vor. Ob harmloser Ausrutscher oder schwerer Sturz, richtige Fahrbekleidung kann die Folgen immer mildern. Je wärmer es ist, desto schwerer fällt es, einen guten Kompromiß aus Schutz gegen Sturzverletzungen und Tragekomfort zu finden, zumindest mit der üblichen Motorradbekleidung. Kaum jemand dürfte bei über 30 Grad im Schatten (entsprechend über 50 Grad in der Sonne) lange in der Lederkombi auf dem Motorrad sitzen. Das Risiko eines Kreislaufkollapses wäre größer als die Gefahr eines Sturzes. Diese Diskrepanz läßt sich am besten durch im Geländesport übliche Bekleidung lösen. Anders als bei Stürzen auf der Straße, kommt es *offroad* weniger auf Schutz gegen die Folgen langer „Rutschpartien" an, sondern auf Polsterung der Extremitäten gegen Schlag- und Stoßverletzungen. Knie- und Ellenbogenprotektoren in Verbindung mit luftiger Moto-Cross- oder Baumwollbekleidung bieten guten Verletzungsschutz und machen das Fahren bei hohen Temperaturen erträglich.

Eine nicht nur für Sicherheitsbewußte empfehlenswerte Sache ist ein Wirbelsäulen-Protektor. Diese „Schildkrötenpanzer" können vor einem Leben im Rollstuhl bewahren.

Selbst beim harmlosesten Ausrutscher reißt man sich eines mit Sicherheit auf: die Finger. Gefütterte Fahrhandschuhe sind bei hohen Temperaturen ein „Finger-Dampfkochtopf". Moto-Cross-Handschuhe schützen dagegen besser als jeder normale Motorradhandschuh, denn sie sind so luftig konstruiert, daß auch bei körperlicher Höchstbelastung ein gewisser Tragekomfort vorhanden ist.

Auch stabile Motorradstiefel zahlen sich im Ernstfall garantiert aus. Für *Offroad*-Reisen sollte man die Finger von Springerstiefeln und ähnlichem Schuhwerk lassen. Die Schutzwirkung solcher Schuhe gegen Quetschungen und Verbrennungen durch Umfallen des Motorrades ist gleich Null. Ganz zu schweigen davon, daß Fußeinsatz in steinigem Gelände mit derart leichten Stiefeln zu einer schmerzhaften Sache werden kann. Cross- oder Endurostiefel schützen durch ihre eingearbeiteten Schienbein- und Knöchelprotektoren auch gegen grobe Schläge, aufgewirbelte Steine, vor allem natürlich „im Falle eines Falles".

Fahrtechnik auf Pisten
Material- und nervenaufreibend ist die häufigste Pistenart in der Sahara: *Wellblech.* Durch Beschleunigungs- und Bremsmanöver von Autos und LKW entsteht diese waschbrettartig strukturierte Pistenoberfläche. Der Abstand von Wellengipfel zu Wellengipfel kann nur 20 Zentimeter, auf schnellen Pistenabschnitten auch das Vier- bis Fünffache betragen. Die Tiefe der Querrinnen beträgt in der Regel nicht mehr als 10 bis 15 Zentimeter. Auf verkehrsreichen, „ausgelutschten" Strecken kann es das Doppelte sein.

Gibt es keine Möglichkeit auszuweichen, kann man auf geraden und übersichtlichen Pisten folgende Technik mit vertretbarem Risiko anwenden: Man beschleunigt so weit, bis die Räder nur mehr von einem Wellengipfel zum nächsten fliegen. Die Mulden werden so nicht mehr voll ausgefahren. Je nach Wellblech-Amplitude kommt es ab 50 bis 90 km/h zu dem verblüffenden Gegensatz aus optisch rauhester Piste und relativ ruhigem Dahingleiten des Motorrads. Getrübt wird dieses Erlebnis dadurch, daß die Bodenhaftung der Räder vergleichbar ist mit einer Fahrt auf

Glatteis. Die Räder haben ja nur noch minimalen Bodenkontakt.

Sandstrecken sind für die meisten Motorradfahrer am Anfang ein größeres Problem. Die Hauptschwierigkeit besteht dabei nicht in ständigem Einsanden und anschließendem Ausgraben, sondern in erhöhter Sturzanfälligkeit.

Da es völlig verschiedenartige Sandpisten gibt, sind auch jeweils unterschiedliche Fahrtechniken angebracht. Eines haben sie jedoch alle gemeinsam: Man muß erst einmal in Fahrt kommen. Benutzt man ein grundsätzlich geeignetes Motorrad, dessen Antriebsquelle auch bei niedrigen Drehzahlen über Leistung und Drehmoment verfügt, ist mit breiter und grobstolliger Bereifung auch in weichem Sand Anfahren ohne langes Kupplungsschleifen möglich. Man kuppelt mit der niedrigsten Drehzahl, bei der der Motor nicht mehr abgewürgt wird, möglichst schnell ein und steuert den Schlupf des Hinterrades gefühlvoll mit dem Gasgriff. Dabei darf man nicht zuviel Gas geben, sonst dreht das Hinterrad zu stark durch und gräbt sich ein. So bald wie möglich schaltet man in den zweiten Gang. Jetzt kann man Gas geben, die Gefahr des Eingrabens ist weitgehend gebannt. Wiederum schaltet man möglichst schnell in den dritten Gang und hat es nun auch im weichsten Sandfeld mit Sicherheit geschafft.

Eine Möglichkeit, das Fahrverhalten des Motorrades für extreme Sandstrecken zu verbessern, besteht darin, die Aufstandsfläche der Bereifung durch Luftdruckreduzierung zu vergrößern. In Dünengebieten ist dies (bei beiden Reifen!) unumgänglich. Ein Minimum von 0,5 bar, bei Motorrädern ohne Reifenhalter 1,0 bar, sollte man nicht unterschreiten, da sich sonst eventuell der Reifen auf der Felge dreht und das Ventil abreißt. Bei Erreichen harten Untergrunds die Bereifung unbedingt wieder auf den für Durchschnittspisten idealen Luftdruck von 1,5 bar vorn und 1,8 bar hinten aufpumpen! Schon ein kurzes Stück auf Wellblech oder ein Stein können bei stark abgesenktem Luftdruck

Reifen oder Felge beschädigen. Bei schneller Fahrt, auch im Sand, heizt sich die Bereifung durch „Walken" stark auf.

In den riesigen Sandebenen der Sahara verzweigen sich die Spuren oft auf Kilometerbreite, werden Pisten im wahrsten Sinn des Wortes. Hier sucht sich jeder seinen eigenen Weg, meist immer weiter von der Pistenmitte entfernt. Auf dem Hauptspurenstrang, oft sind es auch mehrere, verleidet in der Regel übles „Wellblech" das Fahren. Die grundsätzlich eher leicht befahrbaren und noch nicht total aufgefurchten Pistenränder haben jedoch ihre Tücken: Bodenlose Weichsandfelder können urplötzlich wie eine Riesenfaust zupacken, die Räder regelrecht aufsaugen und die Geschwindigkeit mit der Kraft einer Vollbremsung vermindern. Hier hilft nur Vollgas und/oder Herunterschalten. Regelrechtes Durchstarten ist gefragt, will man sich nicht mit dem Anfahren in solchen, oft kilometerlangen Sandfallen herumquälen.

Auch alte Spuren können zu ungeahnten Schwierigkeiten führen. Oft sind sie, da vom Wind wieder mit Sand aufgefüllt, kaum noch zu erkennen. Es sieht eigentlich alles ganz eben aus, nur eine leichte Marmorierung zieht sich durch den Sand. Quert man diese Spuren, versetzt das Motorrad, je nach Querungswinkel, mehr oder weniger stark. Der Sand darin ist viel weicher und tiefer als jener der Umgebung. Im Extremfall kann sich die Maschine dadurch regelrecht aufschaukeln.

Noch eine Spur nervenaufreibender sind Pisten, auf denen man wegen des umgebenden Geländes gezwungen ist, innerhalb tiefer Spurrinnen zu fahren. Das Hauptproblem besteht in dem ständigen Kampf mit einem aus der Rinne laufenden Vorderrad. Ist es soweit – Vorder- und Hinterrad fräsen sich in zwei unterschiedlichen Spurrinnen vorwärts –, fehlt meist nicht mehr viel bis zum Sturz, vor allem, wenn man zu langsam fährt. Ab etwa 50 km/h macht die stabilisierende Wirkung der Radkreiselkräfte auch größere Versetzer harmlos.

Um zu verhindern, daß das Vorderrad ständig die Seitenwände der Spurrinnen hochläuft, kann man einen sehr wirkungsvollen Trick anwenden, den man allerdings erst ein wenig üben muß: Man führt schnell hintereinander mehrere leichte Lenkbewegungen in beide Richtungen aus. Oder anders beschrieben: Man schlägt den Lenker zwei- bis dreimal pro Sekunde wenige Zentimeter nach rechts und links ein, ähnlich einer Rüttelbewegung. Dies hat eine Zentrierung des Vorderrades zur Folge. Es bleibt genau in der Mitte der Spurrinne.

Dünenfahrten per Motorrad, ein Erlebnis, das süchtig macht: Mit einer kräftig motorisierten Maschine, etwas Schwung und Mut ist es möglich, selbst hohe und steile Sandberge zu bezwingen. Problematisch sind die scharfen Gipfelkanten vieler Dünen, die völlig unterschiedliche Sandfestigkeit von Luv- und Lee-Seite. Auf den windabgewandten Dünenhängen, oft nahezu senkrechten Steilwänden, ist der Sand meist nur ganz locker aufgehäuft. Schon zu Fuß versinkt man bis an die Knie. Beim Herunterfahren besteht die Gefahr, daß das Vorderrad regelrecht aufgesaugt wird, man einen Salto über den Lenker macht und hinterher das Motorrad ins Kreuz bekommt. Das zu verhindern kostet am Anfang immense Überwindung: Da ist man glücklich auf dem Kamm einer hundert Meter hohen Düne angekommen, schaut hinunter, und es sieht einfach beängstigend steil aus. Und nun muß man sich mit dem Motorrad regelrecht hinunterstürzen, Vollgas geben und blitzschnell die Gänge wechseln. Doch nur so kann man das bei Dünensteilabfahrten so gefährliche Einsinken des Vorderrades vermeiden.

Ausgedehnte Erg-Exkursionen sollte man nie alleine unternehmen. Es gibt keine perfekteren Irrgärten als solche „Dünenmeere". Dünenfahrten per Motorrad sind von Faszination wie Risiken ein wenig dem Skifahren abseits der Pisten vergleichbar.

Umfassend mit der Thematik Motorradreisen in der Sahara befaßt sich mein im Verlag *Reise-Know-how* erschienenes Handbuch „Motorradreisen zwischen Urlaub und Expedition", 2. überarb. Aufl. 1987.

Literaturauswahl

Sach- und Handbücher für Saharareisen:
Klaus Därr, „Transsahara", Verlag Reise-Know-how
Peter Dittrich, „Biologie der Sahara", Dittrich-Verlag
Wolfgang Linke, „Orientierung mit Karte und Kompaß",
    Verlag BusseSeewald
Hans Ritter, „Gesund reisen", Verlag Conrad Stein

Reiseführer Algerien und Sahara:
TCS/Därr, „Durch Afrika", Verlag Reise-Know-how
Ursula und Wolfgang Eckert, „Algerische Sahara",
    DuMont-Verlag, Reihe „Richtig reisen"
Gerhard Göttler, „Die Sahara", DuMont Kultur-Reiseführer

Bildbände:
Otl Aicher, „Gehen in der Wüste", Verlag S. Fischer
Alain Sebe, „Moula-Moula – im Vogelflug über die Sahara",
    Schillinger Verlag
Alain Sebe, „Tagoulmoust – die Menschen mit dem Schleier",
    Schillinger Verlag

Landkarten:
Michelin 953, Nord- und Westafrika, Maßstab 1:4 000 000
Michelin 172, Nordalgerien, Maßstab 1:1 000 000
IGN, 1:1 000 000, Blätter „Quargla", „Hassi Messaoud", „In
    Salah", „Djanet", „Tamanrasset", „In Azaoua"
IGN, 1:200 000, Detailkarten Sahara, nur für orientierungsmäßig
    schwere Strecken erforderlich (Algerien: insgesamt rund 70
    Blätter!)

Hjalte Tin /
Nina Rasmussen

TRAUMFAHRT
SÜDAMERIKA

Auf dem Motorrad
und mit Kindern
von L.A. nach Rio

Zusammen mit ihren beiden Kindern Emil (3 Jahre) und
Ida (17 Monate) machen Hjalte Tin und Nina Rasmussen
eine abenteuerliche Motorradfahrt von Los Angeles nach
Rio de Janeiro. Ein Jahr lang dauert diese 30 000 Kilo-
meter lange Reise, auf der sie fremde Landschaften,
Menschen und Gebräuche hautnah erleben.
Auch die Kinder gewöhnen sich schnell an ihr neues
Zuhause auf dem Motorrad und genießen das enge
Zusammensein mit den Eltern. Trotz aller Bedenken und
Warnungen wird diese Reise ein Traumerlebnis für alle
Beteiligten. Inzwischen sind die vier wieder auf Achse,
diesmal durch Asien und Australien.

---

320 Seiten, 45 s/w Fotos, 2 Karten, Reisetips

ABENTEUER-REPORT

Dieter Kühnel

MOTORRAD-ODYSSEE

Von Burma durch die
Inselwelt Südostasiens

Mit dem Motorrad durch Südostasien – hier
berichtet Dieter Kühnel von der zweiten Etappe seiner Weltreise. Von Burma über Thailand, Borneo,
Sumatra, Sulawesi und viele andere Inseln Südostasiens führt ihn der Weg bis nach Neuguinea.
Für eine motorisierte Durchquerung ist dieser Teil
der Welt jedoch denkbar ungeeignet, und so ent-
wickelt sich die Fahrt mit Ziel Australien immer
mehr zu einer Motorrad-Odyssee ...

---

224 Seiten, 37 s/w Fotos, 1 Karte, Reisetips

ABENTEUER-REPORT